戦後日本経済史

野口悠紀雄

新潮選書

はじめに

標準的な見解によれば、戦後の日本は、占領軍によって導入された経済民主化改革——農地改革、財閥解体、労働立法——によって出発した。軍事国家から平和国家に転換した日本は、生産能力を軍備の増強ではなく経済成長に集中した。さらに、追放によって戦時中の指導者が一掃されたため、若い世代の人々が指導的な立場についた。こうして、日本は世界でも稀に見る高度経済成長を実現した。

これに対して本書は、まったく異なる歴史観を提示する。それは、「戦後の日本経済は、戦時期に確立された経済制度の上に築かれた」とする考えである。

とくに重要なのは、戦時経済の要請から確立された間接金融体制（企業が資本市場からではなく、銀行からの借入れによって投資資金を調達する仕組み）だ。これによって、企業は資本の影響や市場の圧力から解放された。内部昇進者が経営者になる慣行が確立され、企業は従業員の共同体となった。この体制は、高度成長を実現しただけでなく、石油ショックの克服にも本質的な役割を果たした（戦時システムの確立過程については、巻末の付録１「戦時経済体制（１９４０年体制）とは何か」を参照）。

本書が提示したいのは、以上の歴史解釈だけではない。いまひとつは、この体制がいまや深刻な機能不全に陥っているとの認識だ。企業収益はここ数年回復しているとはいえ、欧米諸国との差は歴然としている。１９９０年代以降の日本経済の長期的な停滞は、不良債権の圧力や「デフレ」など一般に言われる要因では説明できない。それは、経済システムの基本にかかわる構造的なものである。

高度成長の実現や石油ショックへの対応において優れたパフォーマンスを示した経済体制が、１９９０年代以降機能不全に陥ってしまったのは、なぜであろうか？

その問題を解く鍵は、技術の変化にある。１９８０年代頃までの先進国の経済活動は、大量生産の製造業を中心とするものであった。生産活動の大規模化に伴って組織が巨大化し、その構成員は与えられた業務を忠実かつ効率的に遂行する「組織人」となることを求められる。こうした状況下では、軍隊型の組織が優位性を持つ。戦時体制を基本とする日本経済が世界経済のなかで優位性を発揮したのは、このためだ。

しかし、１９９０年代以降、技術体系に本質的な変化が生じた。大量生産の製造業ではなく、ソフトウエアや知識が中心的な役割を果たす経済活動が重要になったのである。新しい環境下では、規律よりは創造性が、巨大さよりはスピードが、そして安定性よりはリスク挑戦が求められる。この要請に適合する経済システムは、市場を中心とするものにならざるをえない（製造業でさえ、組織内分業から市場を通じる分業に移行する）。したがって、統制色の強い戦時経済体制の優位性は、必然的に失われる。日本経済が長期的な機能不全に陥ったのは、このためだ。

日本経済が停滞する半面で、アメリカのIT関連企業が驚異的な発展を遂げた。その代表がグーグルだ。誕生してからまだ10年もたたず、IPO（株式公開）を行なってからわずか3年少々という若い企業が、2007年の10月には、トヨタ自動車を含むあらゆる日本企業を時価総額で上回ることになったのである。

日米の差は、株価全体の推移にも明確に現れている。日本の現在の株価指数は1991年の7割程度でしかないが、アメリカの株価指数はこの期間に約5倍に上昇した。

イギリスとの対比でも、日本経済の劣化は明らかだ。製造業が中心であった世界において、イギリスの地位は低下し続けた。1980年代の末は、イギリス経済の底であると同時に日本経済のピークであった。しかし、90年代以降、イギリス経済は金融業を中心として復活した。現在のイギリスの一人当たりGDPは、日本のそれを上回る。

以上の事実は、日本の経済体制が新しい技術体系に不適合であることを明確に示すものだ。いかに日本型システムを賛美する人も、これを認めざるをえないだろう。

もちろん、戦時経済体制には、変化が生じている。とくに、金融機関とそれを統御する官僚機構は、バブル崩壊の過程で大きく変質し、経済全体に対する影響力を失った。

しかし問題は、統制的システムが崩壊した後に、市場を中心とする新しい経済体制が確立されていないことだ。なぜなら、日本経済の中核をなすのは、自動車、鉄鋼、電機など、戦時期に成長した産業だからである（それらをまとめる日本経団連は、戦時中の統制会の上部機構が名を変えたものだ)。

そして、日本企業の体質は、依然として戦時型企業のままだ。経営に対する株主の影響はきわめて限定的であり、経営者は内部昇進者で占められる。外部からの企業買収に対しては、かたくなにこれを拒否する。バブル崩壊の過程で解消するかに見えた株式持合いは、企業防衛の要請から最近では復活している。こうして、日本の大企業の閉鎖性は、むしろ強まっている。市場の要請が経営に影響を与えない状態が、依然として続いているのだ。

とりわけ外国の資本に対しては、日本は鎖国としかいえない状態になっている。イギリスでは36・6%である直接投資受入れ額の対GDP比が、日本ではわずか2・2%でしかない。

このように日本経済は、新しい技術体系への適応力をますます弱めている。未来を開くために、日本の経済体制が大きく変化しなければならないことは、明白だ。

それにもかかわらず、多くの日本人は、これまでの日本型経済システムに対して強い愛着を抱き、それに執着している。

それは、私自身についても言えることだ。私は、生まれて以来の年月を日本型経済体制の中で過ごしてきた。だから、この体制に特有の思考方式も論理体系も、それればかりでなく倫理基準さえも、私自身のものである(したがって、戦後経済史を記述することは、私にとっては自分史を作成することでもあるのだ)。

かくして、われわれが抱える矛盾は、本質的なものである。この矛盾は、いかにして解決しうるのか？

本書は、この難問に対して解答を提示することができない。本書の役割は、以上の認識を読者に示し、われわれが抱える問題の深刻さについて理解を求めることである。

本書は、『週刊新潮』に２００６年８月から07年７月まで連載した「戦時体制いまだ終わらず」をまとめたものである。

週刊誌連載時には、同誌副編集長門脇護氏と同誌編集部鈴木雅哉氏にお世話になった。とくに門脇氏からは、助言と励ましを頻繁にいただいた。また、本書への取りまとめにあたっては、新潮社出版部庄司一郎氏にお世話になった。同氏には巻末付録３　戦後歴代総理大臣・大蔵（財務）大臣・日本銀行総裁一覧を作成していただいた。これらの方々に厚く御礼申し上げたい。

２００７年12月

野口悠紀雄

戦後日本経済史　目次

戦後日本経済史

第1章　焦土からの復興

1 8月15日に大忙しだった男たち

軍需省から商工省への看板書き換え

1945年の8月15日を回想して、「戦争が終わったという安堵感はあったが、脱力感にとらわれて茫然自失状態だった」と言う人が多い。極限の緊張状態が何年も続いたあとでこうした状態に陥るのは、当然のことだろう。

しかし、この日、そう言ってはいられない男たちがいた。彼らは、一刻を争って処理しなければならない緊急の案件を抱えて、大車輪で働いていたのである。

第1のグループは、軍需省の官僚たちだ。彼らは、役所の看板を書き換えるのに大わらわだった。省の名称が「軍需」では、占領下で生き延びることはおぼつかない。しかし、以前の名称である「商工省」に戻れば、解体を免れるかもしれない。

「名称の変更など簡単ではないか」と考える方がいるかもしれない。しかし、役所の名称変更は、大事業なのである。「公印」の変更ひとつをとっても、大変な手続きが必要になる。関係官庁との所管事務の調整や、関連法令の整備などを考えれば、気が遠くなるほどの作業だ。平時であれば、1年以上の期間がかかっても不思議ではない。

それにもかかわらず、軍需省次官の椎名悦三郎が指揮した看板書き換えは、わずか10日あまりで完了した。そして、8月26日には、新「商工省」が誕生していたのである。

これは、マッカーサーが厚木に降り立つ4日前のことだ。戦時中に航空機を初めとする兵器生産の総元締めだった軍需省は、連合軍が東京に進駐してきた9月8日の時点では、すでに消滅しており、彼らの目につくことはなかったのである！　なんという変わり身の早さだろう。

事態は彼らの思惑どおりになった。看板を架け替えはしたものの軍人を除く人事構成は軍需省のままだったこの役所は、占領下において生き延びた。それだけではない。1949年に「通商産業省」と名称を変更し、その後数十年間にわたって日本経済の中枢に君臨することになった。

B円は阻止された

大忙しだった第2のグループは、大蔵省（現財務省）の官僚である。彼らが躍起になっていたのは、占領軍軍票の使用阻止だった。通常、戦勝国の占領軍は、占領国において軍票を発行する。しかし、それを許せば、経済運営の基本的な手段である通貨発行権を占領軍に握られてしま

通産省発足。新しく書き上げられた看板（1949年5月19日）

うことになる。

日本軍がかつて占領地において発行した軍票は、現地の経済に壊滅的な打撃を与えていた。そのことを熟知する大蔵官僚は、日本本土での軍票使用を、絶対に許してはならないと考えていたのだ。早くも8月23日に、大蔵省の要請を受けた外務省が、使用通貨の問合わせ電報をマニラの連合軍に打電している。

日本における連合軍の軍票は、「B円」と呼ばれた。これは、実際に発行され、ごく少額は流通したらしい。しかし、大蔵官僚の巧みな交渉が功を奏して、連合軍は早期にこれを回収した。このため、戦後日本の金融・財政・通貨政策は、大蔵省と日本銀行によって完全に掌握されることとなった。

この交渉は極秘のものだったので、誰がどんな交渉をしたのか、真相は分からない。大蔵省の正史『昭和財政史』は、B円が戦後日本の通貨にならなかったという事実を、たんたんと述べるのみだ。しかし、仮に占領軍がB円を使用していたら、戦後日本経済の姿は、まったく異なるものになっていただろう。

すでに印刷されていたB円は、そのまま船に乗せられ、沖縄に運ばれた。沖縄では、B円が法定通貨となり、ドルに切り替わる1958年まで使用された。

戦時体制が戦後を作った

以上で述べた二つのエピソードは、日本の「戦後」と呼ばれる期間がどのようなものであったかを、象徴的に語っている。

戦時期において指導的な立場にあった官庁が、そのままの人事構成で戦後の日本経済を指揮することになったのだ。つまり、日本に本当の意味での「終戦」はなく、戦時期と戦後は連続的につながっていた。

日本人の大部分は、45年8月15日に、日本の姿が断絶的に変わったと考えている。確かに、(満州を除いて)戦闘行為は終結した。暫くしてから、軍部と内務省は消滅した。しかし、経済制度に関するかぎり、何も変わらなかったのである。

連合軍は、その後さまざまの「経済民主化改革」を実施し、それらは日本経済の姿を戦時期から一変させることになった。しかし、それは表面上のことである。経済運営の根幹は、大蔵省、日本銀行、通産省などによってコントロールされ続けたのだ。しかも、戦時期に確立された制度的枠組みを利用してそれがなされた。これによって、日本の戦後は、ドイツのそれとは著しく異なる経路を辿ることになった。

連合軍は、ドイツに対しては「モーゲンソー・プラン」と呼ばれる占領政策を実施して中央政府を完全に解体し、戦時中の指導者層を一掃した。このため、戦後のドイツは、戦時中とはまったく異質の国家に生まれ変わったのである。

戦後復興期における西ドイツの政治指導者は、反ナチで投獄されたケルン市長であった。これに対して、日本の指導者はエリート外務官僚であった。このことは、誰でも知っている。しかし、違いはそれだけではない。テクノクラートである実務官僚の構成が、戦後の日本とドイツとでは、まったく異なる性格をもっていたのだ。

戦時と戦後は連続している

「霞ヶ関において戦時と戦後は切れ目なくつながっている」

1964(昭和39)年に大蔵省に入省した私にとって、これはごく自然な実感である。

私が入省したときの大蔵事務次官は、「昭和12年入省組」だった(他の官庁と同じく、大蔵省においても入省年次が人間を識別する第1基準である)。以下、13年組の局長、18年組の課長、などと続き、直属上司である34年組の係長まで、まったく切れ目なしの人事スペクトルが続いていた。つまり、大蔵省にとって、「終戦」は外の世界の出来事に過ぎず、省内の人事構成にわずかなりとも影響を及ぼす事件ではなかったのである。

中央官庁だけではない。実際の経済活動を担う主要産業の企業や銀行などは、すべて戦時中の組織が生き残った。それだけではない。マスメディア、教育制度、土地制度なども、戦時体制が戦後に残った。

注目すべきは、「これらは、戦前期の日本のものではない」という事実だ。日本は、1940年前後に不連続的な変化を経験しているのだ。戦後に引き継がれたのは、明治以来続いた古典的体制ではなく、戦時体制として導入された新経済体制である。それゆえ、私はこの体制を「1940年体制」と名づけることにしたい。

40年体制は、戦後日本の高度成長の実現に本質的な役割を果たした。高度成長は、一般に信じられているように戦後の経済民主化改革によってもたらされたのではなく、戦時体制の継続によってもたらされたのである（第2章の***2***と***5***、第3章の***1***と***2***を参照）。さらに、70年代の石油ショックへの対応は、40年体制があったからこそ可能になったものだ（第5章の***2***を参照）。そして、80年代後半のバブルは、この体制の矛盾が噴出したものと捉えることができる（第6章の***5***と***6***を参照）。

40年体制は、90年代のバブル崩壊によって、大きな変貌を余儀なくされた。しかし、底流においては継続し、人々の考えを強固に支配し続けている（第9章の***1***、***2***、***4***）。とりわけ、「日本式経営」と呼ばれるものの中に、いまだに根強く生き延びている。

2 インフレで定まった戦後社会の基本形

「リンゴの唄」から「炭坑節」へ

戦争によって、多くの日本人は家を焼かれ、資産を失った。一家の主は戦地から戻らず、生死さえ分からない。焦土で呆然とする彼らの心をとらえたのは、「リンゴの唄」と「鐘の鳴る丘」（「とんがり帽子」）だった。ある年代以上の人は、口ずさめば、空襲で何も無くなった焼け野原の光景を思い出し、いまでも万感胸に迫るだろう。

ところが、暫くすると、まったく異質の陽気な歌がラジオから流れ始めた。それは「炭坑節」

である。日本経済は、復興への道を歩み始めたのだ。

炭坑節自体は昔からあったが、全国に知られるようになったのは、「復興は石炭から」とする国策「傾斜生産方式」が開始されて以降だ。これは、1946年12月27日に第1次吉田内閣によって決定され、47年から実施された政府主導の増産計画だ。

その内容は、つぎのようなものだ。輸入重油を鉄鋼生産に集中投入し、増産された鋼材を炭鉱に集中投入する。そして、さらに石炭を鉄鋼業に投入する。こうした拡大再生産によって、石炭と鉄鋼の増産を図ろうというのが、この政策の基本的な目的である。のちに、食糧や肥料も対象に含まれた。

このための手段として、価格差補給金と復興金融金庫（復金）融資が用いられた。政府が補助金を企業に交付し、石炭を原価より安く鉄鋼業に引き渡す。鋼材も、原価より安い価格で炭鉱に引き渡す。そして、復金が石炭・鉄鋼・電力・海運などの重点産業に傾斜的な融資を行なって、増産に必要な資金を供給する。

復金は、日銀引受けで発行した復金債によって資金を調達した。49年にドッジ・ラインによる引締め（第2章の*1*参照）に転換するまで、この政策が継続された。

傾斜生産方式は、激烈なインフレーションを引起こした。40年に1・64だった物価指数は、45年に3・5になっている。物価統制があったとはいえ、戦争の影響はこの程度で済んでいる。ところが、その後は、46年に16・2、47年に48・1と急上昇し、さらに48年に127・9、そして49年に208・8と、驚くべき高騰を示している。その後も物価上昇は続いたが、55年に34

3・0、60年に352・1になった程度だ。つまり、終戦直後の4年間に、日本の物価は様変わりしたのである。

インフレが資産保有階層を一掃した

傾斜生産方式によって誰が利益を得たか？　対象となった基幹産業が、直接の利益を受けたことは、言うまでもない。さらに、国が間接的利益を得た。なぜなら、国債の実質価値は、インフレによって激減したからである。内国債残高は、40年286億円、45年1399億円、50年2407億円、55年4258億円と推移した。しかし、一般会計総額に対する倍率で見ると、戦時期には5倍程度であったものが、復興後は約4分の1にまで低下したのだ。

傾斜生産のマクロ経済的メカニズムは、つぎのようなものだ。まず、通貨を増発してインフレーションを引起こす。このため、家計の消費は抑圧される（これを「強制貯蓄」という）。それによって利用可能となる資源を重点産業に投入する。

マルクス主義経済学者なら、これは国家財政による基幹産業の再生策であり、典型的な「国家独占資本的政策」だと言うだろう。まさにそのとおりである。ただし、利益を受けた社会階層は、「国家と独占資本」だけではなかった。

まず、企業一般が利益を受けた。投資は借入れによって賄われたが、実質負債額はインフレによって激減したからである。従業員（とくに大企業の）も、その後の賃金引上げによって、恩恵を受けた。

さらに、膨大な数の家族経営的零細事業者も、戦争で受けた被害を取り戻すことはできなかったとはいえ、ささやかな利益にあずかった。彼らは、疎開先を引払い、戦災で焦土と化した町にいちはやく戻り、借地をし、公的な復興融資を得て焼け跡にバラックを建てた。名目値で固定された借地料と負債の実質値は、インフレで急速に減少した。他方で、彼らの仕事が製造業であれ小売業であれ、何とかインフレに追いすがることはできた。雑草のごとくしぶとく生き延びた彼らこそ、戦後日本経済を底辺で支えた本当の主役である。

他方において資産保有階層は、47年に財産税を徴収されたのち、インフレによって追い討ちをかけられた。華族、大地主、その他の資産家は、こうして資産を失い、没落した（3で述べる農地解放や借地借家法の影響も大きい）。戦後の日本は、旧上流階層の政治的影響力が、ほとんど無視しうる社会となった。このことこそ重要である。

マルクス主義経済学者は、19世紀的な階級対立図式に囚われて、この重要性を見失っている。現代的な経済活動にとって重要な対立は、「資本 *vs.* 労働」ではなく、ケインズが正しく見抜いたように、「資産保有者 *vs.* 事業者」なのである。

事業者には、大企業だけでなく、家族経営零細事業者も含まれる。さらに、従業員も含まれる。戦後経済政策は、「人民」を搾取したのでなく、「資産家」を搾取したのである。利益の程度は人によって差があったとはいえ、数からいえば大部分の日本人が利益を享受したのだ。

戦後の日本を牽引したのは、インフレを是とする社会階層である。高度成長を可能とする社会構造が、このようにして形成された。

復興は戦時体制を用いて行なわれた

ここで重要なのは、傾斜生産方式が戦時中に作られた制度をそのまま用いて実行されたという事実である。

価格差補給金は、戦時期に導入された制度だ。『国の予算　昭和24年度』（大蔵省主計局による半公式の予算説明書）は、「昭和16年石炭に就て初めて計上せられて以来、逐年増加傾向を辿り乍ら今日に及んでいるのであるが、その間経済政策の変化につれて価格調整費の国民経済的意義も次第に変遷を示している」と説明している。

戦時期に導入された制度が戦後もそのままの形で残っているという驚くべき事実を、あたかも当然であるように説明しているのだ。この淡々とした記述を読むと、「その後戦争が終わったのだから、一変するのが当たり前だろう」と言いたくなる。

むしろ、われわれは、「逐年」とか「次第に」という表現に注目すべきだ。軍需生産から復興へと目的が変わっただけで、日本の財政の本質は何も変わらなかったことが、ここに明確に示されている。

「復興金融金庫」（復金）は、日本興業銀行の一部が独立して47年1月に全額政府出資で設立された機関だ。興銀の設立そのものは古いが、戦時中に政府の積極的な助成策によって強力な金融機関に成長した。これは、戦時経済の中で産業融資に中枢的な役割を果たした国策機関である（復金はその後、日本開発銀行――現・日本政策投資銀行――となった）。

そして、こうした政策を立案・実行しうる強力な官僚組織が、戦時期のままの構造で存在した。通貨発行権が彼らの手に握られていたために、インフレで資源を調達する傾斜生産が実行できたのである。

もし、通貨発行権が占領軍に握られていたら、この政策を実現できたかどうか、分からない。*1*で述べた大蔵官僚によるB円阻止は、戦後復興を可能とする基本的な条件を整えたわけだ。

48年の昭和電工事件は、復金融資を得るために昭和電工の日野原節三社長が行なった政府高官への贈収賄事件である。福田赳夫大蔵省主計局長と民主自由党大野伴睦の逮捕に始まり、栗栖赳夫経済安定本部総務長官、西尾末広前副総理が検挙され、芦田内閣は総辞職に追込まれた。その後、芦田均前首相までも逮捕された（裁判では栗栖以外の政治家は無罪となった）。復金融資がいかに重要だったか、そして誰が決定権を持っていたかが、これによってよく分かる。

3 戦時改革が戦後の零細土地保有をもたらした

農地改革は戦時期に準備された

農地改革は、占領軍が行なった最重要の民主化政策であると、一般に信じられている。しかし、実態はかなり異なる。実質的な改革は、戦時期に準備されていたのである。

戦前の農村が極貧にあえいでいた大きな原因は、地主の存在であった。小作料は平均して収量の約5割に及んだ。
「本間様には及びもないが、せめてなりたや殿様に」と言われた日本一の大地主、山形県酒田の本間家の場合、３０００ヘクタール（渋谷区の面積の約2倍。１ヘクタールは約1町歩）の農地を所有し、２７００人の小作人を抱えていた。作家太宰治の生家津島家は、津軽に２５０ヘクタールの農地を所有し、３００人の小作人がいた。これからも分かるように、農村の様子は、江戸時代からあまり変わらなかったのである。

戦前の社会主義者が農村の窮状に関心を寄せたのは、当然である。マルクス主義者のなかで「講座派」と呼ばれた人々は、日本の農村には、半封建的地主制が継続しているとした。中央官庁の官僚にも、農村の現状を改革しなければならないと考えていた人が多かった。とくに農政官僚はそうであり、戦後の農地解放を指揮した和田博雄はその一人である。

ここで注意すべきは、軍が農村に強い関心を持っていたことだ。まず、農村が疲弊しては、兵士の供給が絶たれるという実際的な要請があった。さらに、貧農出身の兵士と直接に接する立場にある青年将校は、妹が苦界に売られたというような兵の話を聞いて、社会改革の必要性を強く感じるようになっていた。

１９３６年の２・２６事件を引き起こしたのは、彼らである。大蔵大臣高橋是清が犠牲になったのは、軍予算のみならず、軍が求めていた農村救済予算も葬ったことにあるとされる。つまり、農村を改革しようとする軍・農林省と、これを阻止しようとする大地主層の対立構造は、すでに戦時期において明確な形をとっていたのである。

こうした背景に加えて、食料確保のために小作人の労働意欲を高める必要もあり、38年の国家総動員法にもとづいて、39年に「小作料統制令」が出された。ただし、帝国議会の反対が強く、実効性ある措置は取れなかった。

しかし、42年に制定された「食糧管理法」は、事態を大きく変えた。これによって、小作人は地主でなく政府に米を供出し、地主には代金を小作料として支払えばよいことになった。つまり、小作料は金納制に転換したわけである。

そして、小作料が名目で据え置かれたため、その実質価値は急減した。40年に収量の50・5％だった小作料は、45年には18・3％にまで低下し、小作制度は形骸化した。また、政府が小作人から買う場合には米価を高く、地主から買う場合には低く設定した「二重米価制」によっても、地主の地位は低下した。こうして、江戸時代から変わらなかった日本の農村が、戦時体制の中で大きく変貌し始めたのである。

農地解放のチャンス到来

戦後の農地解放は、自作農主義者である松村謙三が、45年10月の農林大臣就任の記者会見で、「農政の基本は自作農を作ること」と発言したことが発端となった。このときGHQは農地改革に関心がなく、農林省からの説明に、〝No objection〟（反対しない）と答えたのみだったと言われる。

悲願達成のチャンスを得た農林省はすばやく対応し、農政局長和田博雄が指揮をとって、戦時中に発布されていた「農地調整法」を補充して法律案を作成した。これは、松村発言のわずか4日後である。1月後に上程された法案を国会は葬り去ろうとしたが、12月にGHQの改革支持の覚書が出たため、わずか13日間で国会を通過した。これが「第1次農地改革」である。

しかし、改革案は不徹底とのGHQの意向が示され、47年から50年までの3年間をかけて「第2次農地改革」が実施された。

(1)不在地主が所有する全ての農地、(2)在村地主の場合、内地では1㌶、北海道では4㌶を超える農地を、政府が地主から安い価格で強制的に買い上げ、小作人に売り渡すという内容である。252万戸の地主から全農地の35%、小作地の75%に相当する177万㌶を買収し、財産税物納農地と合わせて194万㌶の農地を420万戸の農家に売却した。

和田は、吉田内閣の農相として、与党の強い反対を押し切って戦時中からの理想を実現した。買収価格は名目値で固定されたため、インフレでタダ同然となった。太宰治が『斜陽』で描いた資産階級の没落が、こうして生じたのである。

では、改革者の理想は、その後の日本で達成されたか? 戦時立法であった食糧管理法は、高度経済成長の中で、米価引き上げの具と化した。零細米作農家は兼業化し、米が過剰生産される一方で、食料自給度は低下した。他方で、農地改革で解放された面積を上回る230万㌶の農地が、宅地に切売りされた。

都市では借地権が実質的所有権になる

戦前の日本の都市住民は、借地、借家に住むのが普通だった。「家が散らかってきたら、大掃除する代わりに引っ越す」と言われたほどである。夏目漱石や森鷗外は、生涯借家住まいだったと言われる。

戦時経済下の41年、借家人の保護を目的として、「借地借家法」が改正された。その目的は、一家の主が戦地に出征したあと、家主が家賃引き上げを狙って借家人を追い立てるのを防止することにあった。

改正借地借家法は、戦後、判例によって強化された。解約には「正当の事由」が求められるようになったのである。これにより、借地権は実質的に所有権と同じものになった。土地所有者は、「貸せば安く売ったのと同じ」と考えるようになり、新規の借地契約は激減した。

私は、80年代の末に、東京の土地住宅保有状況を調査したことがある。23区内では、全体の約2割が借地であり、その多くは終戦直後までに契約されたものだった。郊外では、駅に近い便利な宅地が借地で、所有地は少し離れたところ（つまり終戦直後には宅地化されていなかったところ）から始まっている。高度成長のなかで、借地料の実質的負担はほとんどゼロとなった。それだけでなく、著しい地価上昇によって、巨額の土地値上がり益が借地権者にもたらされた。

零細土地保有者は、相続税における特例（小規模宅地特例、事業承継税制、市街化区域内農地の特例）を獲得した。市街化区域内の農地の残存は、都市における土地問題を悪化させた。駅前商店街衰退の基本的原因も、土地所有と利用の固定化にあると、私は考えている。

土地制度こそ、社会制度の根幹である。以上で見たように、戦時期の要請から農村においても都市においても大きな改革が用意され、それが戦後の占領下で結実した。しかし、経済的側面からみると、いずれの土地改革も、零細土地保有者を増やしただけで、生産性向上を阻害する要因となった。

だが、戦後保守政治の基盤がこれによって形成されたことは、疑いない。保守政治勢力の支持層は、戦前の地主階層から、戦後における零細宅地と零細農地の保有者へと、大転換を遂げたのである。**2**で述べたインフレーションとともに、これが戦後日本社会の基本形を形作ることとなった。

4 中途半端に終わった占領軍の経済改革

財閥解体

占領軍が推進した最重要の経済政策は、財閥解体であった。早くも1945年9月の対日方針で、財閥解体の方針が示されている。GHQ経済科学局長クレーマー大佐のつぎの言葉は、占領軍の考えを明確に示している。

「財閥は戦争で巨額の不当利得を得た。彼らから戦時利得を吐き出させ、戦争が有利な事業でないこと（ウォー・ダズ・ノット・ペイ）を、すべての日本人の脳裏に深く刻みつけなければならない」

これは、「財閥が戦争を利用したから、軍国主義を壊滅させるために財閥解体が必要」という論理だ。

45年11月に解体の基本指令が出され、46年8月に5大財閥（三井、三菱、住友、安田、富士産業＝旧中島飛行機）の解体が開始された。さらに、47年4月に独占禁止法、同年12月に過度経済力集中排除法が制定された。

これらが戦後日本企業の基本的な姿を作ったと、一般に考えられている。しかし、本当にそうだろうか？

ここで、「財閥」には、二つの側面があることに注意が必要だ。第1は、財閥家族が持株会社を通じて傘下企業を支配すること。第2は、少数企業による寡占という面である。

財閥解体で帝銀の金庫から運び出される証券

同族支配の排除は成功したが……

第1の側面については、財閥解体は確かに効果を発揮した。財閥家族の保有する株式と財産は、10年間譲渡禁止の国債に転換された。この国債は、**2**で述べたように、インフレーションで無価値になった。財閥家族による同族支配は、その後復活しなかった。

戦後改革が各階層の保有資産に与えた影響

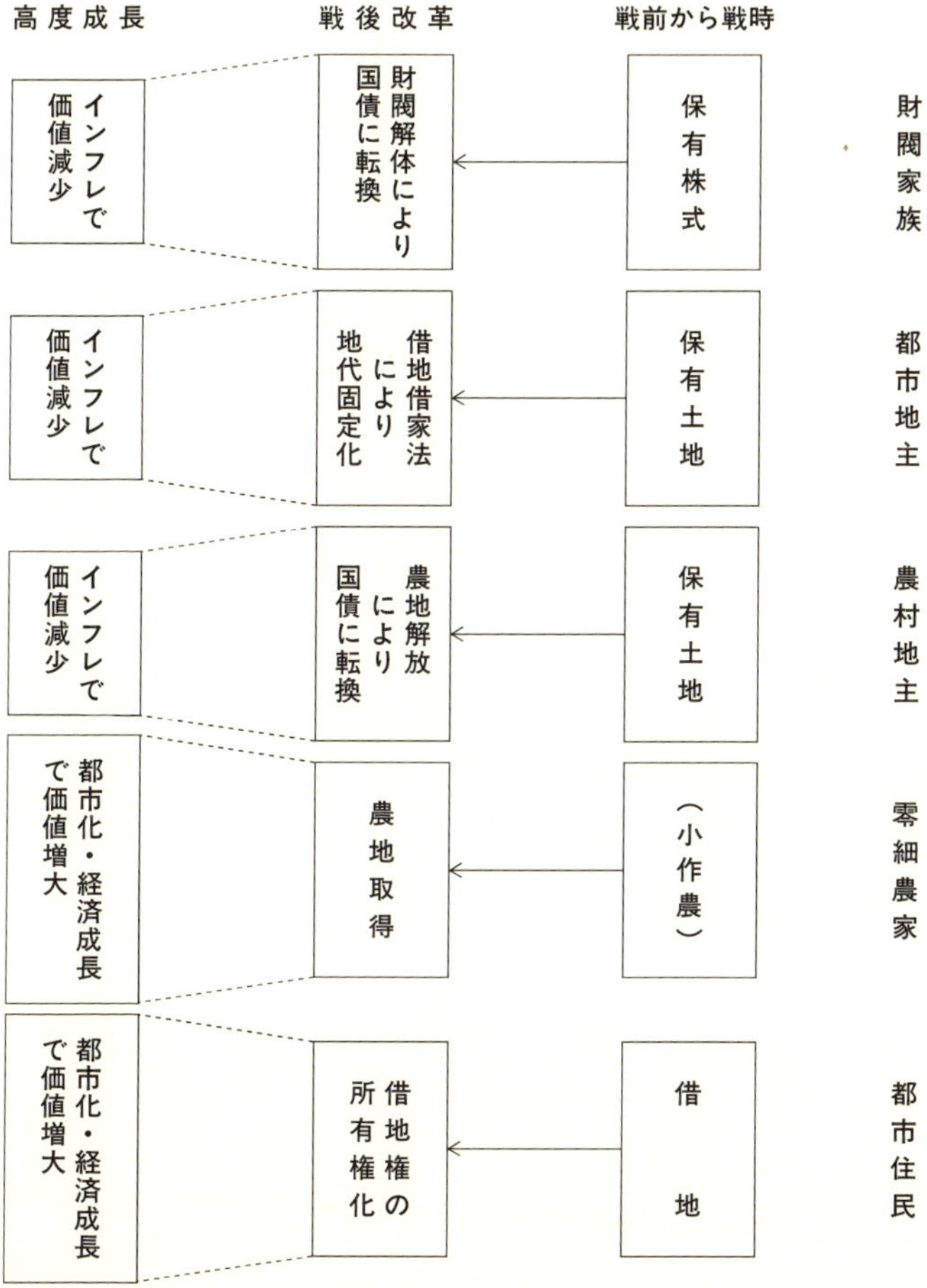

戦後改革で国債に転換された財閥や地主の資産は、インフレで実質価値を失った。
他方で零細農家や都市住民が戦後改革で得た資産の価値は増大した。

ただし、同族排除という動きは、すでに戦前から、しかも財閥企業の中にあったことに注意が必要だ。

とくに三井では顕著だった。三井家と経営の専門家集団との間に軋轢があり、三井合名常務理事として実権を握った池田成彬《しげあき》は、精力の7割を三井家対策に割いたと言われる。池田はすでに30年において、つぎのように述べている。

「三井家はあらゆる事業関係の表面から名前を没してしまはねばならない。単に社長重役から手を引くのみならず、出来ることなら、事業に三井の名を附することさへどうかと思ふ。三井といふ名は社会公共事業、慈善事業といつた方面にのみ使へば良い」

そして、池田は、36年1月までに三井高公以外の全ての同族を引退させた。

占領軍による財閥解体に強く抵抗したのは、岩崎家である。東大病院の病床にあった岩崎小彌太は、三菱の解体を理由なきものとして拒否し続けた。三菱に限らず老舗財閥には、「われわれは戦争の被害者だ。戦争に協力したのは日産コンツェルンなどの新興財閥」という思いが強かったのである。

しかし、GHQから「三菱は戦争に関与していないと主張するが、東条大将が住んでいた家は三菱財閥から贈られたものである。三菱重工業社長の郷古《ごうこ》潔が東条家に対して現金、株式その他で1千万円を贈与した」などの調査結果を突きつけられ、解体を受け入れざるをえなくなった。

銀行が支配する体制は残った

しかし、「寡占の排除と競争の促進」という第2の面では、占領軍の政策が戦後経済に影響を与えたとは思えない。事実、集中排除法は、当初325社を分割の対象として指定していたにもかかわらず、実際に分割されたのは日本製鐵、三菱重工業、大日本麦酒、王子製紙などの10数社にとどまった。しかも、分割された企業のほとんどが、その後合併して復活した。また、財閥系企業も、企業グループという形で日本経済の核として存在し続けた。

ここで興味深いのは、農地改革を指揮した和田博雄が、GHQに対して「経済の民主化なら賛成だが、日本経済の弱体化なら反対する。もし強行するなら経済安定本部長官を辞任する」と強い反対を表明したことである。財閥解体には賛成だったかもしれないが、集中排除法には反対だったのだ。

しばしば、「何がなされたか」より「何がなされなかったか」のほうが重要である。戦後改革においても、このことが妥当する。とくに重要なのは、銀行業に対して集中排除法が適用されなかったことだ。戦後の日本の企業が、銀行を中心とした企業グループを形成したことはよく知られているが、これは、戦時中に作られた仕組みだった。銀行が集中排除法の適用を免れたことによって、それが戦後に残されたのである。

実は、銀行が産業資金供給の中心になる仕組み（「間接金融」と呼ばれる）自体が、戦時経済の産物である。それまでの日本では、企業が株式や社債を発行して資本市場から直接に資金を調達する仕組み（「直接金融」と呼ばれる）が中心だった。31年においては、企業が調達した資金のうち実に86％強が直接金融によるものであり、銀行貸し出しは14％弱に過ぎなかった。

戦時経済の中で、軍需産業に資金を集中させるために、これが大きく変わった。まず、株式による資金調達に対して、配当制限などの制約が課された。他方で、銀行の強化が図られた。その結果、銀行による資金供給は、45年には全体の93％にまで膨れ上がった。

戦時金融体制の中心になったのが、日本興業銀行である。また、一県一行主義によって中小銀行が整理され、銀行の総数は26年に1492だったのが45年に61になった。以後、長期にわたって、銀行の総数はほとんど変わらなかった。

戦時金融改革の総仕上げとなったのは、ナチスドイツのライヒスバンク法の模倣といわれる「日本銀行法」である。その第1条は、「日本銀行ハ国家経済総力ノ適切ナル発揮ヲ図ル為国家ノ政策ニ即シ通貨ノ調節、金融ノ調整及信用制度ノ保持育成ニ任ズルヲ以テ目的トス」と規定している。総力戦体制の象徴ともいうべきこの法律は、戦後における経済基本法の一つであった（第9章の*1*も参照）。それが改正されたのは1998年のことだ。

「興銀はいい銀行だ」

もちろん、戦後改革のなかで銀行が問題とされなかったわけではない。とくに、興銀は「戦犯銀行」との烙印を押され、閉鎖の危機に直面した。後に興銀頭取となる中山素平らは、GHQとの折衝に消耗したらしい。

あるとき経済科学局長のマーカット少将を訪問すると、「興銀はインフレの元凶だ」と面罵された。ところが、中山が「失礼ながら、閣下がおっしゃっているのは復興金融金庫のことではありませんか」と指摘すると、マーカットは電話で誰かを呼び出して尋ね、「わたしの誤りだ。興銀はいい銀行だ」と言って、興銀再建を認めたという逸話がある（高杉良『小説　日本興業銀行』）。

占領軍からは、金融改革案も出されている。46年の「エドワーズ報告」と、それにもとづく米政府の方針は、「政府と財閥によって推し進められた銀行合同が競争を妨げた」とし、大銀行の分割、大蔵省の権限縮小、銀行と産業との分離などを勧告した。GHQの反トラスト・カルテル課は、銀行にも集中排除法を適用しようとし、大銀行分割案を提示した。

これに対してGHQ金融財政課が異論を唱え、対案として提示したのが、48年の「ケーグル案」である。これは、大蔵省から独立したバンキング・ボードの設置、銀行と産業の分離などを骨子とした大胆な金融制度改革案であり、日本側に大きな衝撃を与えた（その様子は、城山三郎『小説日本銀行』にビビッドに描写されている）。

しかし、結果的には、どの案も採用されず、戦時期に形成された銀行中心の経済システムが、戦後の日本にそのままの形で残ることとなった。

5 日本のことを何も知らなかったアメリカ人

逆コースだけが不徹底な改革の原因か？

占領軍による「経済民主化改革」が不徹底だった理由として定説となっているのは、GHQ内の派閥対立と、東西冷戦の激化を背景とする「逆コース」である。

GHQには、二つの派閥があった。第1は、民政局長ホイットニイと次長ケージスを中心とする改革派だ。彼らは「最後のニューディーラー」と呼ばれ、アメリカ本国で中途半端に終わったニューディール改革を日本で実現しようとした。これに対して、参謀第2部長ウィロビイを頭とする軍備派は、日本を共産主義に対する防波堤にすることが必要と考え、ニューディール派の改革は日本経済を弱体化するものとして反対した。

芦田均はホイットニイと、吉田茂はウィロビイと、それぞれ近かった。昭和電工事件も、この派閥争いにからんだ謀略だと言われる。

東西冷戦の進展に伴ってウィロビイ派が強くなり、50年に朝鮮戦争が勃発すると、改革派の退潮は決定的になった。最初はホイットニイを支持していたマッカーサーも右旋回し、かくして経済民主化改革は頓挫したというのである。

こういう内幕ものは、誠に面白い。そして、多分事実の部分もあったのだろう。また、世界情勢の変化が占領政策に影響を与えたことは間違いない。しかし、それだけでは不徹底な改革は説明できない。終戦から朝鮮戦争までは、5年間もある。なぜその間に、戦時経済の中核であった銀行に手をつけなかったのか？

『菊と刀』程度の占領政策

「改革が不徹底だったのは、占領軍が日本についてよく知らなかったから」と考えることができる。私は、これが本当の理由だろうと前から考えていたが、04年に出版されたエレノア・ハドレー『財閥解体　GHQエコノミストの回想』を読んで、その確証をえたと思った（ハドレーは、ケージスの下で財閥解体に精力的に取り組んだGHQのエコノミスト）。

彼女は言う。「(日本を民主化する）努力は、国の性格を変えようとする試みだった。そして、その国について、我々はほとんど何の知識もなかった」「アメリカ人が日本について知りうる文献といえば、ハーバート・ノーマン『日本における近代国家の成立』と、ルース・ベネディクト『菊と刀』程度しかなかった」

これは、まったく驚きだ！

ベネディクトは文化人類学者なので、『菊と刀』の大部分は「義理、人情」などの説明だ。経済について言及しているのはわずか2ページに過ぎず、そこには「家内工業を除けば、財閥が日本の産業のすべてを支配している」と書いてある。この程度の認識で臨めば、「財閥家の支配を排除すれば、それで終わり」となるのも、もっともなことだ。銀行が戦時経済で果たした役割など、想像もできないだろう。

そして、アメリカ人の中に、日本語の文献を読めた者などいなかったのだろう（私が知っている現在の大学の日本専門家でさえ、日本語の文献を完全に読める人は少数である）。日本側に資料を作らせて、それを鵜呑みにしただけなのだ。この点、ナチスの支配から逃れた多数の亡命者もいて、事情が詳細に把握されていたドイツとは、まったく違う。

さらに面白いことに、ハドレーは、「日本の産業構造の詳細についてアメリカは無知であったが、（中略）知識のある日本人ですら、自国経済の企業構造について我々無知なアメリカ人以上に知らなかった」と述べている。考えてみれば、もっともなことだ。当時は、現在のように、企業の詳細な情報が一般に入手できるわけではなかったのだ。

4で述べたマーカットは、高射砲隊の隊長である。軍人としては優秀だったのだろうが、日本経済のことを詳しく知っていたとは到底思えない。復金と興銀の混同を中山素平に指摘されたとき、日本のことをもう少し知っていたら、「復金は興銀の別働隊だ」と言い返せたはずである。反論できずに興銀の再建を認めてしまったところに、彼の限界があった。

アメリカの銀行は日本の銀行のような強力な存在ではないので、エコノミストでさえ、日本で銀行が重要な役割を果たしていることを知らなかった。そして、「アメリカでは直接金融が中心なので、日本もそうすべきだ」程度の認識しかなかった。

ケーグル案は、当初、大蔵省や日銀を巻き込んだ大騒動を引き起こしたのだが、元金融検査官ケーグルの私案にすぎず、マーカットの署名はなかった。思いつきの作文だったのだ。それゆえ、

「指令」でなく「指針」とされた。大蔵省はこの辺の事情をすばやく見抜いて強腰で反対し、葬り去ったのだといわれる。

見当はずれの公務員改革

占領政策が的外れだったことは、公職追放や公務員改革にも現れている。公職追放者総数21万人のうち、軍以外の官僚はわずか2000人前後、それも内務省がほとんどで、大蔵省では、山際正道など総数9名にすぎない。

「追放でそれまでのトップがいなくなったため戦後の日本では若い人材が活躍できた」とよく言われる。民間企業ではそうだったかもしれないが、役所ではほとんどそんなことはなかった。大蔵省の人事がみごとに連続していたことは、*1*で述べたとおりである。

占領軍が考えた当初の解体対象は、内務省と大蔵省、それに加えてなんと、文部省であったとされている（商工省に看板を架け替えて隠遁作戦をはかった軍需省など、とうの昔に忘れられてしまった！）。

しかし、大蔵省は、巧みな折衝によって解体を免れた（大蔵省には、昔から相当の「英語使い」がいたのだ）。内務省が解体されたのは、知事公選制と自治体警察に抵抗したからだが、もう一つの理由は、英語が下手だったことである。当時の内務省文書課長は言う。「内政ばかり考えていたから、英語など必要ないという風潮が内務省の中にあって、これが大蔵省のようにうまく立ち回れなかった最大の理由だ」

占領軍は公務員制度改革に熱意を示し、「フーバー顧問団」が組織されて、47年6月に最終報告（勧告）を出した。その主たる内容は、職階制の確立や人事院の新設である。しかし、顧問団が一時帰国した間に勧告を換骨奪胎する作業が日本側で行なわれた（これは、「鬼のいぬ間の洗濯」と呼ばれる）。フーバーは巻き返しをはかったが成功せず、「国家公務員法」が成立した。これは公務員労働権の制限などを中心とするものであったため、「回れ右改正」と呼ばれている。

しかし、勧告どおりに実現したとしても、まるで的外れだったと言わざるをえない。GHQの世論・社会科学部長だったハーバート・パッシン（その後コロンビア大学教授）は、業績評価、「科学的」職階制、独立した人事機関設置などの勧告内容は、アメリカで猟官制の弊害を排除するために必要と言われる措置であり、日本の官僚制には無関係だと指摘する。そして、「日本の官僚制に関する知識をアメリカが持っていなかったため、問題の本質を把握できなかった」と分析している。まったくそのとおり、と言わざるをえない。

（1）その時点の最高権力者に対する面従腹背
（2）都合の悪い情報は一切出さない情報操作
（3）自分たちが必要であるとの最大限のアピール

これらは、いまに至るも少しも変わらぬ、官僚の3大得意芸である。それは、占領下において遺憾なく発揮されたと考えられる。占領軍は、狡猾な官僚たちの手玉に取られたのだ。

第2章　高度成長の基盤を作る

1 ドッジとシャウプの改革は本当は誰が考えたものか

泥棒が現金を盗む時代になった

1949年度に、二人のアメリカ人、ジョゼフ・ドッジとカール・シャウプの名を冠した税・財政改革が行なわれた。

第1章の**2**で述べたように、終戦直後の復興は、インフレ財政で賄われたものだ。「ドッジ・ライン」は、この中核にあった価格差補給金と復金融資を停止し、均衡財政を実現することを求めた。これはデフレ政策だから、不況になる。ところが、50年6月に朝鮮戦争が勃発し、その特需で日本経済は救われた。以上が、戦後経済史の標準的記述だ。

宮澤喜一『戦後政治の証言』に面白い一節がある。49年の秋に、「泥棒が入って現金を盗んだ」という新聞記事が出たのを宮澤がドッジに話したところ、ドッジが非常に喜んだというのである。「泥棒が物よりもお金に目をつけたということは、インフレが沈静化し、通貨に対する信用が生まれはじめたことを示しているからである」

日本経済は、ようやく戦後のインフレ経済を脱却し、正常化への道を歩みつつあったのだ。それだけではない。これによって、高度成長への基本的な経済環境が確立された。その理由は、つぎのとおりだ。

インフレが収束したため、家計の貯蓄は銀行預金となり、銀行貸付けになって企業に流れる。この過程では銀行が資金の配分を決める。つまり、集中排除法の適用を免れて存続した戦時金融の仕組みが、経済活動全般の中心的な位置を占めることになるわけだ。そして、このシステムを統御するのは、大蔵省と日本銀行だ。つまり、これは「大蔵省・日銀王朝」の確立を意味するものなのである。

なお、このときに、1ドル＝360円の単一為替レートが設定された。「円は360度だから」というのでマッカーサーが決めたというのだが、真偽のほどは確かではない。

なぜアメリカ人が竹馬の比喩を使う？

「ドッジ・ライン」は、デトロイト銀行頭取ドッジのアイディアだとされている。しかし、本当にそうだったのだろうか？

私は、「大蔵省が黒子として操っていたのではないか？」と疑っている。なぜなら、大蔵省の立場から見て、こうした政策が必要だったからだ。

インフレは国債の実質価値を低下させるのに役立ったが、いつまでもインフレが続くと、今度は財政支出が膨む。国債の重荷から脱却できたら、インフレを鎮圧するのが望ましい。しかし、そのためには、相当の不況を覚悟しなければならない。これによって国民の不満が増大すると、厄介なことになる。

そこで、占領軍の権威を使ったのではないだろうか？　それに、アメリカ人の勧告ということにすれば、不況になっても、自分たちは批判の矢面に立たなくてすむ。

これは、その後、「審議会」という形で使われるようになった手法にそっくりなのである。自分たちが書いた都合のよい作文を審議会で承認してもらい、「まことに貴重なご意見を……」と押し頂く手法だ。最近の審議会は黒子がマル見えの田舎芝居だが、この当時の芝居は水際立っていて、誰も黒子がいることに気づかない。

私が最初に疑問をいだいたのは、「日本経済は竹馬にのっているようなものだ」とのドッジの言葉である（竹馬の二本の足とは、アメリカの援助資金と政府の価格差補給金）。これは有名な言葉だし、説得力もある。宮澤の前掲書によると、49年3月のドッジと池田蔵相の会談でドッジが話したこととされている。

しかし、竹馬は、軽くて強い竹があるからこそできる。ところが、竹は東洋の植物で、アメリカにはない。アメリカにも「スティルト」という竹馬に似た道具があるが、これは大工や左官が使うもので、誰もが知っている子供の遊び道具ではない。デトロイトのバンカーが大工の道具を比喩に使うとは思えない。この比喩を考えたのは、大蔵官僚だったのではないだろうか？

当時、池田蔵相の秘書官だった宮澤は、つぎのように言っていて、なかなか興味深い。

「それまで日本の財政当局はニューディーラーにいじめられ続けていた」「当時、日本の官僚がもっとも頭をつかったのは、どうやって占領軍という絶対権力者を自分のつごうのよい方へ引っぱっていくかであった」

そこで「ドッジとニューディーラーたちとの離間にすこし精を出してみれば面白いのではないかと考えた」「この際はドッジという、未知ではあるが頑固らしい老人の力を借りて、ニューディーラーたちへのうっぷんを晴らしてやろう、という気持ちがなかったわけではない」

実際、ドッジと池田の二人は、「大いに意気投合し」たのだそうである。

なお、宮澤は、ドッジ・ラインによる不況(「安定恐慌」と呼ばれた)について述べるなかで、「この不景気は占領下でドッジという冷酷な外国人によってもたらされた、という印象が(日本人の間で)強くあった」とも述べている。「黒子作戦大成功」というところだ。

なぜ給与所得の確定申告がないのか?

「シャウプ勧告が戦後の日本税制を作った」とは、どんな税制史にも書いてあることで、これに疑問を呈する人はいない。

しかし、「では、具体的に何を勧告したのか?」と問い詰めると、正確に答えられる人は少なくなる。「直接税中心の税体系を作った」というのが、教科書に書いてある標準的な答えだ(「直接税」というのは所得税や法人税のことである)。

だが、よく考えると、この答えはまったく納得がいかない。確かに、戦前の日本の税体系は、「間接税」を中心とする前近代的なものだった。しかし、それを大改革して直接税中心の近代的体系にしたのは、シャウプ改革ではなく、それより9年前の40年度税制改革だった。これは、36、37年頃にこの改革を準備した当時の馬場鍈一蔵相(大蔵省出身。日本勧業銀行総裁から就任)の名を冠して、「馬場税制改革」と呼ばれる。

軍事費調達のため財源を強化する必要があり、法人税が新設され、また給与所得に対する源泉徴収制度が導入された。これによって、製造業などの近代的産業に対する課税が可能になったのである。源泉徴収は、1年前にドイツで導入されたのを見習ったもので、その当時、「世界最先端」の徴税制度だった。

日本の税制は、このときから現在にいたるまで、ほとんど変わっていない(唯一の例外は、89年度の消費税の導入だ)。シャウプ勧告が修正したのは、青色申告を導入して、小規模事業者を懐柔したことくらいなものである。

「民主的税制度を勧告する」と言っているのだから、本来なら、アメリカのように、給与所得にも確定申告や経費実額控除を認めるべきだ。しかし、大蔵省に都合が悪いこうした内容は、勧告には一切見当たらない。多分、大蔵省が調査団に正確なところを説明していないのだろう(ここでも「言葉の壁」が重要な働きをしている)。

給与所得税が源泉徴収だけで決まってしまうため、サラリーマンは税制に関心を持たず、政治にも無関心になる。そもそも民主主義政治とは、税に関する制度を議会で決めることから出発している。だから、日本において民主主義は、馬場税制改革以来、存在していない。

この間の事情は、『「超」納税法』(新潮社、2003年)に書いた。「シャウプ調査団が全国行脚して納税者に会ったとき、その後ろには大蔵省の役人が立って通訳していたに違いない」と、私はそのとき推測した。いまでもそう信じている。

2　一萬田尚登はなぜ法皇になりえたか

大蔵大臣が就任挨拶で日銀に来た

1951年9月に対日講和条約が調印され、日本は独立を回復した。経済政策についても、それまでのGHQに代わって国会が決定を行なう最高の機関になった。しかし、実際の決定が専門的な実務機関によってなされたことは、変わらなかった。

この時代の政策決定を語る上で、日本銀行を落とすことができない。形式的にいえば、日銀は大蔵省に監督される。しかし、両者の力関係が微妙に逆転した時代があった。それは占領時代に始まっていた。

47年に興銀総裁から転じて大蔵大臣になった栗栖赳夫は、初閣議の後、大蔵省に登庁する前に日銀に挨拶に出向いた。

これを聞いた大蔵事務次官池田勇人は、頬をふるわせて怒ったと言われる。城山三郎『小説日本銀行』には、興奮する

日銀総裁室で執務する一萬田尚登

日本銀行員の様子が描写されている。実際にもこれに近い情景が展開されたに違いない。つぎの北村徳太郎大臣も、そのつぎの泉山三六大臣も、日銀に挨拶回りに来た。

彼らを総裁室で待っていたのは、46年からこの部屋の主だった一萬田尚登《いちまだひさと》である。禿げることを心配して27歳から頭髪を洗わず、ヘア・ローションでぬぐって済ませたという伝説があり、カマキリを思わす奇怪な風貌をしていた。そして、「法皇」と呼ばれていた。一萬田は、講和条約締結の際の日本代表団の一員にもなった。これも、普通では考えられないことだ。

一萬田がこれほどの権力を持ちえたのは、GHQの信頼が厚かったためだと言われるが、それだけでない。基本的な理由は、当時の経済において日銀の役割が大きかったことだ。

それを象徴するのが、50年11月、川崎製鉄（現JFEスチール）が千葉に最新鋭の製鉄所を建設する計画を打上げたときのことだ。一萬田は、金融引締めに逆行する巨額投資に怒り、「製鉄所にペンペン草をはやしてみせる」と言った。

一萬田も川鉄社長西山弥太郎もこの発言を否定しているので、これは作り話かもしれない。しかし、日銀総裁の意向を無視しては、金融機関のみならず大企業も経営方針を決められなかった当時の状況を、ビビッドに示している（ちなみに、西山は「天皇」と呼ばれていたので、これは、天皇対法皇の対決であった）。

金融鎖国下の金融統制

日銀は、経済全体の貨幣量や金利水準を調整する機関である。本来は個別の貸出先にまで干渉はできないはずだ。それが可能であった背景を説明しよう。

仮にあなたが100個のりんごを持っており、1個200円で売出したとする。購入希望が100個を超えたとき、二つの調整方法がある。第1は、値段を300円、400円と引き上げてゆくことだ。すると購入希望は減ってゆく。それがちょうど100個になる価格で売ればよい。第2の方法は、価格200円は変えないで、あなたが販売先を（恣意的に）選ぶことだ。第1の方法は、「価格による調整」と呼ばれる。第2の方法は「統制的割当て方式」と呼ばれる。

現在ではほとんどの対象について価格方式がとられているが、戦時中には、多くの国で多くの財について統制が導入された。アメリカすら、その例外ではなかった。日本では、38年の「国家総動員法」に基づいて、さまざまな財についての統制が行なわれた。企業に対する資金供給についても、統制が行なわれた（それを可能とするために、第1章の**4**で述べた間接金融方式への転換が行なわれたのである）。終戦直後も、生活必需物資についての配給が行なわれたが、経済活動が正常化するにつれて、統制は解除された。しかし、「資金」については、「割当て方式」が残ったのである。

資金についても、価格方式は可能である。資金需要が多すぎれば、金利を引き上げればよいのだ。しかし、戦後の日本では、金利は政策的に低く留めおかれた。そのために活用されたのが、37年に制定された「臨時資金調整法」だ。

資金の割当てを行なったのは、銀行である。その銀行も、預金だけでは資金需要を満たすことができなかったので、日銀借入れを仰いだ。したがって、日銀が銀行の貸出しを統制することができたのである。これが「窓口規制」と呼ばれる仕組みだ。戦後の日本社会で銀行員が「床柱を背にして座り」、一萬田総裁が「法皇」として君臨しえた背景には、こうした事情があった。

ところで、仮に企業が海外市場での起債などで資金調達をしたり、資産保有者が海外で資金を運用したりすれば、金融統制は尻抜けになってしまう。したがって、戦後の日本では、長期にわたって金融鎖国が行なわれた。戦後の日本が貿易立国だったことを考えると、「鎖国」という表現は、奇異に思われるかもしれない。しかし、この鎖国はまことに厳重なものだったのである。その根拠法は、32年の「資本逃避防止法」をそのまま引継いで49年に制定された「外国為替及び外国貿易管理法」だ。

金融統制がどの程度有効に働いたかについて、経済学者の間では議論がある。しかし、資金配分の調整に価格方式がとられていたら、重化学工業を中心とする高度成長が実現できなかったことは明らかだ。

法皇対「あの男」

『小説日本銀行』に、つぎの記述がある。「日銀の建物が御殿なら、大蔵省の庁舎は軍艦を思わせる。装飾もデザインもむだなものは何ひとつなく、実用一点ばりの巨大なコンクリートのかたまりだ。それが無愛想にでんとして霞ヶ関の中央、国会への道をふさいでいる」

ベルギー国立銀行を模して造られた日銀のネオ・バロック様式の建物は、まことに優雅だ。それに比べて、大蔵省本庁舎はいかにも無骨。というよりは「陰鬱」である。日銀のトイレは大理石だが、大蔵省のそれは駅のトイレと大差がない。この建物を見て好ましい印象を持つ人は、ほとんどいないだろう。

大蔵省の建物がこうした印象を与える一つの理由は、戦時中に建設された建物であることだ。地下には本土決戦用の会議室があり、屋上には焼夷弾よけがあった。70年代にタイルを貼られるまでコンクリートがむき出しだったのは、建築途中で資材がなくなってしまったからだろう。

もう一つの理由は、この建物に住む人間たちだ。彼らを形容する言葉を選べと言われれば、多くの人が、「傲慢」「不遜」「無礼」「横柄」などと答えるだろう。大蔵省の誰もがそうだというわけでは決してないのだが、日銀のことを「大蔵省銀行局本石町出張所」などと称して平然としている人間がごろごろしていたことを考えると、当然ともいえる。城山は、「御殿女中」対「野武士」と区別している。私が知っている限りでも、良家や上流階級出の人は、日銀には多いが、大蔵省には殆どいない。だから、この区別もあながち間違いとはいえない。

『小説日本銀行』は、「一萬田法皇」の権勢が徐々に後退し、それに代わって、大蔵省の傲慢な「あの男」が権力の階梯を上ってゆくさまを描いている。「あの男」、すなわち49年に初当選後、直ちに大蔵大臣となった池田勇人は、日銀に挨拶回りに来なかった久しぶりの大蔵大臣となった。54年には一萬田が大蔵大臣となり、その後、56年池田、57年一萬田と交代した。そして、60年に池田が首相に就いた。

3 造船疑獄に見る金融統制と政治の深い関係

「森脇メモ」が暴いた政財界の暗部

1953年のある日、一人の町の金融業者が赤坂の料亭で「近頃の景気はどうか」と尋ねたところ、「うちでは閑古鳥が啼いていますが、赤坂村には景気がいいところもあります。中川や長谷川は、船会社の人が盛んに使っているようで、毎晩ドンチャン騒ぎ」という答えが女将から返ってきた。

これを聞いて興味をいだいたこの金融業者・森脇将光は、その財力と情報網を駆使して、宴会に出入りする政財界人の調査を始めた。彼自身も予期していなかったことだが、後に「森脇メモ」と呼ばれた調査メモは、日本の政財界を震撼させる「造船疑獄」の発端となった(森脇がまったく別の詐欺事件で訴えを起こしたことから、メモが偶発的に検察の手に入ったのである)。

捜査対象はまたたく間にひろがり、ついに自由党幹事長佐藤栄作の逮捕許諾請求に発展した。これに対し、54年4月に犬養健法務大臣が指揮権を発動し、事件は唐突に幕を閉じた。後に明らかになったところでは、8カ月間に48回の宴会があり、延べ619人の芸者が侍ったそうだ。

宴会騒ぎが繰り広げられた目的は、計画造船における割当ての獲得である。計画造船の開始は47年度だが、49年の第5次計画から大型外航船の建造が始まっていた。割当てを獲得できると、船会社は自分では一銭も出さずに、船舶建造費全額に相当する融資を受けられる。発注を受けた造船会社は、リベートを船会社に戻す（船価は1隻10億円程度で、この3～5％がリベートと言われた）。

これは会社の帳簿には載らずに、船会社の社長や重役のポケットに入る。その一部が、割当て獲得の運動資金や政党献金になったのである。政党献金の相場は、1隻につき1000万円と言われた。

ここまでは、多くの文献に書かれている。問題は、「なぜ、リベートのカネを捻出できたのか？」ということだ。

金融錬金術の秘密

53年の第9次計画造船から融資を行なったのは、51年に設立された日本開発銀行だった。7割を開銀が、残り3割を市中銀行が融資する。

実は、「ペンペン草をはやしてみせる」と日銀総裁に拒絶されて存亡の危機に立った川崎製鉄を救ったのも、開銀融資であった（52年に融資決定。53年に第1期工事完成）。52～55年度の期間では、産業全体の設備資金に占める開銀融資のシェアは、13％に及んだ。電力、石炭、海運、鉄鋼の四大基礎産業では、実に24％にもなっている。

開銀融資は、量的に大きかっただけでなく、市中の融資よりはるかに有利な条件だった。だから、船価の水増しが可能となり、賄賂やリベートが可能になるのだ。市場原理が働いている融資なら、無駄な用途に使う余裕はないはずである。ではなぜこうした好条件を設定できたのか？これこそが問題の核心である。

「政府が税金を使って援助したから」と言う人が多い。確かに、造船融資に対しては利子補給がなされ、開銀融資の金利5％は3・5％に、市中銀行融資の金利11％は5％に引下げられた。利子補給の財源は、国民の税金である。しかし、その前に、開銀融資の金利自体が、市中銀行に比べて著しく低いことに注目しなければならない。なぜこれほど低利の融資が可能になるのか？

それは、開銀融資は、郵便貯金などを原資とする資金運用部からの借入れで賄われるからだ。この仕組みは、「財政投融資計画」と呼ばれる。ただし、郵便貯金は、市中銀行と競合して資金を吸収している。そして、資金運用部は独立採算であって、税金は投入されていない。

つまり、財政投融資計画は、税金の投入なしに、市中より低利の政策金融を行なったのである。「魔法」としか言いようのないこの仕組みの秘密は、金融統制にある。

この体制下では、最も弱い金融機関が存続できるように、貸付利率その他の条件が決められている（これが、「護送船団方式」と呼ばれるものである）。だから、体力のある銀行には超過利潤が発生する。他方、資金運用部は超過利潤を得る必要がないので、市中金利より低利の融資ができるのである（なお、開銀の場合には、政府からの出資金と産業投資特別会計からの借入金があり、これらも低金利金融を可能とした要因である）。

このような短い説明では、分かりにくいと思う。多くの人は、複雑な制度に幻惑されて、それ以上追及しようとしないだろう。この制度を錬金術に利用しようとする側からすれば、それこそが思う壺なのだ。実際、造船疑獄の国会審議でも、野党議員はポイントをついた追及ができなかった。ジャーナリズムも「政官財の癒着反対」という程度の皮相的な批判しかできず、金融統制に真の問題があるとは見抜けない。「分かりにくさ」こそが、最強の防壁なのだ。

戦後政治は戦時経済体制の一部

ときあたかも、保守大合同の前夜である。鳩山派自由党と改進党が54年に日本民主党を結成し、それが吉田派の自由党と合同して自由民主党が誕生した。船会社からの献金の大部分は、この工作資金に使われたに違いない。

55年に成立したこの体制は、戦後政治の基礎を定めたことから、「55年体制」と呼ばれる。これを可能としたのは、不明朗なカネだったのだ。そして、そのカネは、戦時体制を引き継いだ金融統制の中から生み出された。この意味で、政治の55年体制は、経済における戦時体制の一部分なのだと言うことができる。

戦後の二大疑獄といわれた昭和電工事件と造船疑獄のどちらも、政府系金融機関の融資をめぐるものだ。実は、開銀は、復興金融金庫の資産と職員を52年に引き継いだ。だから、これらは実質的には同じ金融機関だと考えることができる。そして、復金は興銀の一部が独立してできたものである。

これら金融機関の役割は、統制経済において戦略部門に資金を集中させることだ。それによって戦時経済を支え、戦後の高度成長を支えた。これが、経済史の「表の面」である。

しかし、この体制には「裏の面」もある。統制経済では、どこかに目に見えない形で超過利潤が発生する。開銀の予算は国会に提出されるが、個々の融資先まで国会の議決が及ぶわけではない。しかも、金融は複雑であるため、普通の人はメカニズムを把握できない。

そこから生み出される裏側のカネが、政治に還流する。造船疑獄は、戦後政治の氷山の一角が、偶然のきっかけで表面化したものと考えるのが妥当だろう。

佐藤幹事長は、「献金ルートを追及されては政党の幹事長は勤まらない」と担当検事の前で泣いたと伝えられる。同じことを吉田首相にも強く訴えたのであろう。

松本清張は、『日本の黒い霧』の「二大疑獄事件」で、指揮権発動の黒幕は次期政権を狙う緒方竹虎だと推理する。真相がどうであったにせよ、保守政権を支える裏の資金ルートは無傷で残されたのだ。

だから、その後も類似のカネの流れは続いたことだろう。しかし、それは、われわれがうかがい知ることのできないものだ。松本清張は言う。

「事件にならずに、或いは陽の目を見ずに済んだ汚職は、表に出たものの何十倍か分らない」

4　高度成長へと舵を取る

シベリアから帰った元大蔵官僚

１９５０年、シベリア抑留者の帰国船に一人の元大蔵官僚が乗っていた。彼の名は田村敏男という。32年に満州国官吏として大陸に渡ってから、18年間の歳月が過ぎていた（このエピソードは、沢木耕太郎『１９６０』による）。

舞鶴に降り立ったときは、過去からタイムスリップした心境だったろう。久しぶりの日本の新聞に「池田蔵相」とあるのを見たときは、異次元に迷い込んだ感覚にとらわれた。「まさか池田勇人ではあるまい。彼が大蔵大臣になるはずはない」

田村がこう考えたのも無理はない。彼が満州に渡る前年に、池田は落葉性天疱瘡という難病のために大蔵省を退官していたからである。

東京に戻った田村は、同期で終戦時の大蔵次官だった山際正道に会いに行く。山際は次官になると早くから期待されていた逸材で、周囲に頼られていた。山際は、「池田蔵相は池田勇人だ」と告げた。

「信じられないだろうが、池田は大蔵省に復帰できた。終戦前に主税局長になり、私は追放されたが彼は次官になった。去年退官して選挙で当選し、直ちに大蔵大臣になった」

「同期なのだから、挨拶にいったらどうか。力になってくれるかもしれない」

そのときの田村は、自分の人生はすでに終わったと考えていた。5年にわたるシベリア抑留生活は、深いトラウマを残していた。最愛の妻は、その間に亡くなっていた。その上、満州で書いた本が原因で、帰国早々に追放指定された。

しかし、池田と再会した田村は、考えを変える。もう一度、賭けてもよい。今度は、池田を総理大臣にする賭けだ。

こうして、池田の周りに二つのブレーン集団が形成された。一つは、宮澤喜一、大平正芳、黒金泰美からなる側近政治家。彼らは、大蔵官僚時代に池田の秘書官を勤めた。そして第2が、田村が事務局長となった宏池会グループだ。田村は池田派の政治資金のすべてを取り仕切った。

池田をめぐるカネは、膨大であるだけでなく、表に出せないものもあった。実際、造船疑獄の際には、「池田が先に逮捕されるだろうと心配になって、弁護士に相談したりと防衛工作に奔走した」と宮澤喜一が書いている（日本経済新聞、「私の履歴書」）。田村は、そうした難しいカネを、厳格・精密かつ神経質なほど潔癖に管理した。

池田の周囲には、前尾繁三郎、愛知揆一などの元大蔵官僚もいたが、右の人々はコア中のコアだ。これほど有能な人間がこれほど強い同志的紐帯で結ばれた例は、あとにも先にも日本の政治史に例がない。

池田グループは、「大蔵人材銀行」があったからこそできたのは事実である。しかし、それだけでなく、池田の人格も重要な要素だ。「『自分は頭が悪いから頼むよ』というのが口癖であった。

じつはそんなことはないのだが、いわれたほうは一生懸命で助ける」という宮澤の言葉が、それをよく表している。

軽工業維持か重化学工業へ転換か

池田内閣は所得倍増を看板に日本の高度経済成長を先導したことで知られている。

これを提唱したのは、下村治である。大蔵省の嘱託に香川鉄蔵という人がいて、下村を知り、田村に引き合わせた（下村が入省したとき田村はすでに満州に渡っていたので、二人は面識がなかった）。そして、「投資をエンジンにして経済成長をはかる」という下村の考えが、池田ブレーン集団の支持をうる。

宮澤たちが下村理論をもととした政策を打出したいと考えていたときに、一橋大学教授中山伊知郎が書いた新聞記事の中に「月給2倍論」という言葉があった。「月給というとサラリーマンだけなので、所得倍増がよいと、『いかにも官僚出身者がいいそうなこと』を、宮澤と大平で進言した。その夜、広島の演説会で池田が話し、所得倍増論が世に出た」

アメリカから帰国した池田勇人（中央）と宮澤喜一（右）

いま考えると、この時に高度成長を目指したのは当然のように思われる。しかし、実は、そうではないのである。一萬田日銀総裁が川鉄千葉工場に反対したのは、金融引締めに逆行するというだけの理由によるのではない。彼（あるいは日銀）は、「豊富な労働力を活用する繊維・雑貨などの軽工業で外貨を稼ぐ」という考えだった。「経済の基本構造が変わらない」という前提をおけば、これは経済学の「比較優位原則」から導かれる正統的結論である。

それに加えて、ドッジの制約があった。復興金融金庫のようなことは、もう不可能だ。積極的な重工業化という政策は、大蔵省の伝統的な均衡財政主義にも背く（池田がドッジと「大いに意気投合した」のは、二人ともゴチゴチの均衡財政論者だったからだ。池田はブレーンの助言によって変身したことになる）。このように、重化学工業化という方向は、当時の日本では異端だったのである。

池田と一萬田の対立は、金融ヘゲモニーをめぐる大蔵省と日銀の争いであるが、単なる権限争いではない。「重工業化 *vs.* 軽工業維持」、「長期発展 *vs.* 現状前提」という路線対立なのである（この対立には、本章の**5**で述べるように、通産省もからんでいる）。

「所得倍増」は、安保後の日本人の目を経済に向かわせたキャッチフレーズだと言われる。それがイメージ戦略だったのは事実だが、ここ数年叫ばれた「構造改革」だとか「官から民へ」というような中身のない空虚な言葉ではない。それは、将来ビジョンに関する実質的な内容を含むものだった。

56年に山際が輸銀総裁から日銀総裁に就任した時点で、この路線対立は完全に決着した。日本は高度成長に向かって突進することになる。

高度成長のエンジンを作る

ドッジラインと整合しつつ重工業化をはかるには、税とは別の財源を探す必要がある。そこで、目をつけられたのが、戦前から大蔵省が管理していた郵便貯金だ。戦後は、GHQの指示で地方債の引き受けに使われていた。これを資金運用部に預託させ、そこから新たに設立した輸銀・開銀に融資する。そして、これらの金融機関が戦略的融資を行なう。それに民間銀行が従う。

この仕組み（財政投融資）を考え出したのが誰だったのかは、分からない。ただし、この問題について池田がドッジと何度も折衝しているのは事実である。だから、池田のグループがかかわっていることは、間違いない。輸銀は比較的簡単に認められたが、開銀は復金の復活だとみなされて（それは否定できない事実である）、交渉は難航した。

財政投融資はあまりにうまくできているので、いま考えても驚嘆するほかはない。まず、一般会計の負担がないので、均衡財政が維持できる。その結果、国債が発行されず、家計の貯蓄は銀行預金や郵便貯金に向かう。こうして経済全体の資金の流れはつじつまがあう。そして、本章の*3*で説明したように、運用部は利ざやをとる必要がないので、護送船団行政の下では、市中金利より低利の政策融資を税金の投入なしに実行できる（ただし、これは、金融鎖国体制の中でこそ可能であることに注意）。

政府金融機関の融資計画は国会の議決対象ではないので、専門家集団でコントロールできる。

財政投融資の役割

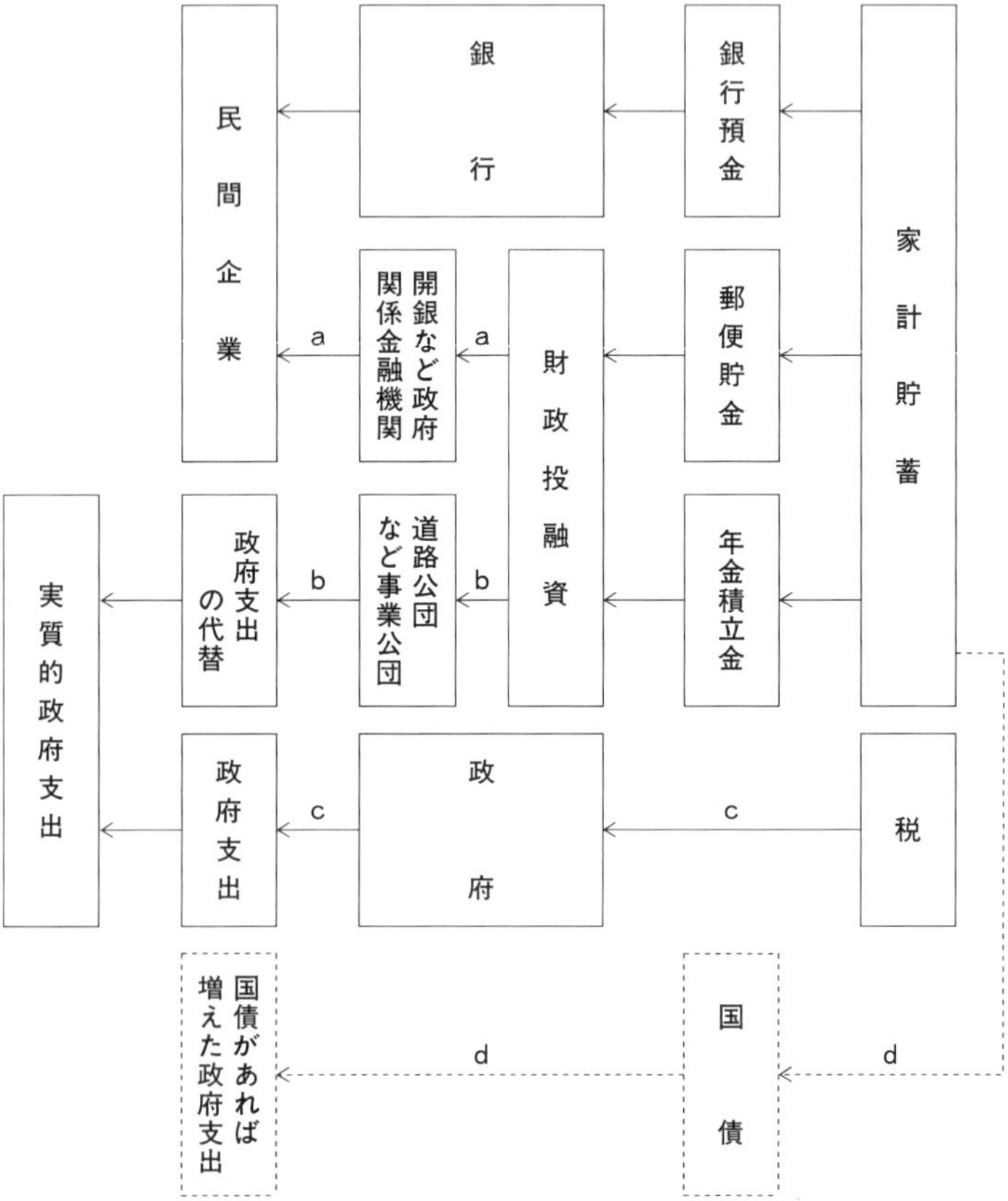

高度成長期の初期の段階では、財政投融資の大部分は、開銀などの政府関係金融機関を経て、民間企業に流された（図のa)。
財政投融資の一部（図のb）は、道路公団などの事業にあてられ、税で賄われる部分（図のc）とともに実質的な政府支出となった。このため、国債発行（図のd）なしに実質的な政府支出を確保することができた。

金融の仕組みは複雑だから、利益集団や利権政治家には理解できず、したがって彼らを排除できる。しかも、官僚の天下り先が確保できて、官僚集団の若さを維持できる。これプラス租税特別措置が、高度成長を牽引する強力なエンジンになった。

5 戦時革新官僚の夢が戦後の通産省で実現する

「やあ、『通商』の字が大きいですね。大臣」

城山三郎『官僚たちの夏』に、つぎの一節がある。50年代の末、通商産業省が会計検査院ビルから防衛庁あとのビルに引っ越したときのことだ。看板を新しくするため、池田勇人通産大臣が筆をとった。「通商」と2文字書いて一息入れ、「産業省」と3文字を一気に書く。

それを見た局長たちの中から、アッという声が漏れた。一人の局長（後述のように、実際には次長）が無言のまま大股で部屋を出て行った。

入れ違いに入ってきた新聞記者が声をあげた。「やあ、『通商』の2文字が大きいですね。大臣」

「おれは、同じ大きさにそろえて書いたつもりだが……」「『通商』のほうが『産業』よりひときわ大きいですよ。大臣の気持が出てるなあ」

これがどんな意味なのかを理解できる人は、いまではほとんどいないだろう。この裏には、通産省内部の激しい派閥対立があったのだ。貿易を管轄する通商局の幹部は、つい数年前まで、牛場信彦など外務省からの出向者によって独占されていた。その後も、省内に国際派と統制派（国内派）の対立が続いていた。だから、新聞記者は「国際派を優遇ですか？」と言ったわけだ。

商工省と外務省の権限争いは戦前からあったが、45年10月、貿易を管理する政府機関の設置をGHQが命令したことで、再び火を噴いた。これをどこに作るか？　吉田茂は元外務官僚だし、商工省を毛嫌いしていた。アメリカでも、貿易は商務省ではなく、国務省の管轄であった。だから、外務省に設置して当然だった。

ところが、結果的には、商工省の外局として同年12月に「貿易庁」が設置されたのである。なぜこうなったかといえば、商工省内に「交易課」があったからだ。椎名悦三郎をついで商工次官になった豊田雅孝は、GHQの命令に対し、「その組織は、商工省の中にすでに存在している」と主張したのである。

椎名と豊田は、終戦後10日目に商工省を復活させたとき、実際の業務はないにもかかわらず、商務局に交易課を滑り込ませていたのだ。巧妙極まりない彼らの策略には、舌を巻くしかない（彼らがやっていたのは、第1章の***1***で述べた「看板の架け替え」だけではなかったのだ）。しかも、彼らがこの工作を行なったのは、ほとんどの日本人が敗戦のショックで何も考えられなかったときである！

豊田は、「商工省の勝利は占領のかなり早い時点で、GHQが日本の実情を十分知らないうちに決着していた」と後になって述べている（チャーマーズ・ジョンソン『通産省と日本の奇跡』）。

なお、初代交易課長松尾泰一郎は、その後、丸紅社長となった。

国際派と統制派の激しい闘い

ただし、貿易庁の幹部は外務省からの出向者で占められ、商工省の影響は及ばなかった。英語が必要であり外交官は失業中だったから、止むをえぬこととも言えるが、最大の理由は吉田茂の影響力だろう。貿易庁長官には、吉田の側近であった白洲次郎が就任した。このため、商工省人脈と外務官僚の間に激しい対立が生じた。

この時期、輸入許可は企業の生死を決めるものだった。業者が廊下に列をなしたため、「虎ノ門銀座」と呼ばれたほどである。だから、それをどちらが支配するかは重大事だった。商工省側は、若きエース永山時雄を貿易庁に送り込んだのだが、彼は白洲に手なずけられてしまった。

49年、商工省と貿易庁を合併して、「通商産業省」を作ることになった。貿易関連行政は、通産省の内局となる「通商局」が管轄する。白洲は、そこを足場に通産省全体を支配しようと考えたのだ。

初代通産次官には白洲が就任するのではないかと言われていたが、商工省側との間で妥協が成立した。通商局の課長以上は外務省の出向者が占める。また、永山を官房長にする。これと引き換えに、次官は商工省の出身者にする（こういう「手打ち」を見ていると、「役人もヤクザも大差がない」という気がしてくる）。

官房長は全省の人事を掌握するので永山は強大な権限を握り、「永山天皇」と呼ばれた。しかし、吉田との関係が微妙になった白洲は51年に東北電力会長となり、次第に影響力を失った。永山の立場も弱くなった。そして、56年には旧商工省側が通商局長を奪還した。

しかし、それ以降も、通産省の中で「国際派」と「統制派」の対立は続いたのである。冒頭で述べた「事件」は、こうしたなかで起きたものだ。このとき部屋から出て行ったのは、統制派の頭領である重工業局次長の佐橋滋である。

彼と国際派の対立は、以前からあった。ドッジ・ラインによる人員削減の嵐の中で、組合員が永山を吊るし上げたとき、課長であった佐橋が紛争の仲裁に呼ばれた。彼は、「永山のようなバカ者を責めても何にもならないぞ」と叫んで、事態を収拾したのである。ただし、これがもとで、佐橋は仙台に左遷されてしまった。

革新官僚の系譜「岸・椎名ライン」

ここで「商工省人脈」とか「統制派」と呼んだ人々は、「岸・椎名ライン」とも呼ばれる。岸信介は、戦時中の「革新官僚」の中心である。39年に満州から帰って商工次官に就任。腹心の椎名を総務局長にして、同じ考えの人々を登用した。彼らは、岸の巣鴨拘引中も椎名の追放中も団結を維持し、戦後の通産省の中核になった。

彼らの考えは、産業の国家統制だ。企業は利益を目指してはならない。私企業は公共化する。不労所得で生活する特権階級を許してはならない。

これは、一種の社会主義である。事実、岸が目指したのは、日本型社会主義の建設であった。

それは、ヒトラーが「国家社会主義（ナチ）」を目指したのと、まったく同じである。阪急電鉄の創始者である小林一三商工大臣は、岸を「アカ」と非難した。「岸大臣、小林次官」と呼ばれたのは、この頃だ[1]。

岸は41年に東条内閣の商工大臣に就任し、椎名を次官に任命した。そして、反対派を一掃して、統制派が商工省を掌握した。これは、金融面で銀行中心主義が確立され、株主の支配が排除されたのと同時期だ。

しかし、それでも、完全な産業統制は実現できなかった。国家総動員法の下でも、財界は政府と激しく対立したのだ。戦後になって、戦時期の制度を活用して、戦時中の統制派官僚の夢が実現されたのである（戦時期に農林官僚の夢であった農地改革が地主の抵抗で実現できず、戦後になってから占領軍の下で実現できた過程とそっくりだ）。

このときに作られた「統制会」が戦後の業界団体となり、統制会の上部機構である「重要産業協議会」が「経済団体連合会」となった。発足した46年に、岸・椎名ラインの一人である植村甲午郎が事務局長となった（68年

三木武夫を挟んで岸信介（左）と椎名悦三郎（右）

に会長に就任)。彼は、55年に財界から自由民主党への献金システムを整備した。

通産省と外務省の権限争いがあった50年代前半は、大蔵省と日銀が金融で覇を競ったのと同じ時期だ。外務省には親子で続く外交官も多く、貴族的雰囲気がある。これに対して商工省は、野武士の集団だ。日銀が貴族的で大蔵省が野武士集団だったのと似ている。

そして、商工省人脈が通商局長を奪還したのは、日銀総裁に山際正道が就任したのと同じ56年だ。経済運営をめぐる権限争いは、このときに決着した。勝ったのは、大蔵省と通産省だ。高度成長を支える権力構造がこうして定まった。

(1) このように、岸が作った「戦後レジーム」とは、戦時期に彼らが願ってはたせなかった統制経済であり、「日本型社会主義」である。岸の孫である安倍晋三前首相は、「戦後レジーム」を「日本国憲法」や「教育基本法」に代表されるシステムと捉え、それからの脱却をめざした。しかし、「戦後レジーム」といっても、政治的側面と経済的側面では、イデオロギー的性格が正反対のものであることに注意が必要である。安倍前首相は、自分の祖父が「戦後レジーム」の経済面を作ったことを理解していないようだ。なお、第9章の***1***も参照。

第3章　高度成長

1 戦時体制が本格的活動を開始する

力道山に励まされた若者たち

対戦相手の「メキシコの巨象」オルテガに比べると、力道山は小さく見える。反則続きの外人組に押されて、日本組は劣勢。怒った力道山が、ついに空手チョップを繰り出す。敵がマットに沈み込むと、観衆は興奮の極に達した。

1954年、放送開始直後のテレビで放映されたプロレスに人々が熱狂する様子を、『20世紀にっぽん人の記憶』(読売新聞社編)は、ビビッドに描写する。こうした情景を思い出せば、懐かしさで胸が熱くなる人も多いだろう。

「大勢の人と肩をぶつけながら、新橋駅前広場の街頭テレビで見た」

「電器店では画面を道路側に向けて、通行人にサービスで見せた。見物人が車道の半分まではみ出していたので、バスを運転していた私は、ぶつからないようにと苦労した」

「店内にテレビがあるラーメン屋の外から、交代で台に乗って窓越しに見た。店の主人は外から見るなと怒るが、次第に熱中してくると、僕らのことは構わなくなる」

「試合観戦より、外人を倒す力道山を見てうっぷんを晴らした」

「体は小さくとも、闘志があれば勝てる。オレも見習うぞ！」

講和後、ようやく自信を取り戻し、未来に希望を抱き始めた日本人の様子が、よく現れている。集団就職列車が運行を始めたのは、この年である。頼る人が誰もいない大都会で、力道山の姿に励まされた若者は大勢いたに違いない。

この頃、耐久消費財が先導する経済成長過程が始動した。テレビ（白黒）・冷蔵庫・洗濯機は「三種の神器」と呼ばれ、噴流式洗濯機が売り出された53年は、後に「電化元年」と呼ばれた。それまでタライと洗濯板だった主婦の洗濯作業を、洗濯機は革命的に変えた。

「本当に働き者でした。玄関の軒先に置き、雨に濡れないよう、使った後はシートをかぶせ、大事に大事に使いました」（前掲書）

国内市場拡大が高度成長の基本

電気機器の生産が増えれば、電力の消費が増え、鉄鋼生産が増える。設備拡張が必要となり、さらに鉄鋼生産が増える。こうして、日本経済は特需依存経済から脱却し、高度成長の軌道に乗った。この間、民間設備投資の年増加率は25％程度に及び、35％を超えた年も3回あった。

「日本の高度成長は外需依存で実現した」と考えている人が多い。しかし、それは間違いだ。基本は国内市場の拡大である。それによって「規模の利益」が実現され、輸出競争力が高まったのだ。この意味で、90年代以降の中国のように、外資企業が輸出中心で生産を拡大させた成長パタンとは異なる。

ただし、国際収支の制約があったので、国内景気が過熱すると外貨準備が減少する。そのため、金融引締めで景気を調整する必要があった。すると輸出ドライブがかかり、再び景気が回復する。

大衆消費ブームは、基本的には国民一般の所得水準上昇によりもたらされたものだが、56年の「1000億円減税」も拍車をかけた。この年度の所得税収総額はほぼ3000億円だから、これは大変な減税だ。緊縮財政でドッジと意気投合したはずの池田は、積極財政を推進する政治家に変身したわけだ（このときの成功記憶のためか、宮澤喜一を初めとする宏池会メンバーにはケインズ主義者が多く、大蔵省の伝統的な考えとは衝突することが多い）。

耐久消費財への需要は、所得を超える伸びで増加する（つまり、「所得弾力性」が高い）。食料や繊維への需要とは、この点で異なる。静態的な「比較優位原則」に囚われていたら、高度成長は実現しなかった。だから、第2章の***2***、***5***で述べた路線対立は、きわめて重要だったのだ（この後暫くして、「マイカーブーム」が訪れることになる）。

製造業の出荷額は、50年から60年の間に6・5倍に、さらに70年までの間に4・4倍に増加した。銑鉄の生産量は、同期間中に5・3倍と5・7倍に増加した。国内総生産（GDP）は、55年から70年にかけて、5年ごとに約2倍になった。この間の年平均成長率は15・6％になる。これは、人類がかつて経験したことのない高成長だった。

日本人の生活水準は、このときに飛躍的に向上し、それ以降はあまり変わっていない。つまり、現在の日本人の原点は、この頃にあると言える。多くの人が「昭和30年代」に強いノスタルジアを抱くのは、当然のことなのだ。

戦時企業が高度成長を担う

最終生産物が兵器でなく耐久消費財になったという意味で、高度成長は戦時経済とまったく異なる。しかし、これを実現した主体は、戦時期に形成された企業だった。その典型が電力と自動車だ。

戦前の電気事業は多数の民間企業によって運営されていたが、戦時経済の要請で国家管理への移行がはかられた。39年に各地の電力会社を統合して国策会社である日本発送電が設立され、さらに既存の電力会社を解散させて、九つの配電会社が作られた。こうして、戦後の9電力体制が確立された。「役所より役所的」と言われる電力会社の体質は、戦時期に作られたのである。

戦前の日本の自動車生産は、アメリカのビッグスリーに支配されていた。実際、満州事変当時の日本軍トラックはフォード製だった。政府は36年に「自動車製造事業法」を制定し、自動車関税を引き上げ、自動車製造業を許可制とした。許可を得たのは、豊田自動織機製作所と日産自動車である。許可会社には営業税を免除し、資金調達に特別の優遇を与え、機械・用品の輸入税を免除した。この結果、フォード、GM、クライスラーは日本からの撤退を余儀なくされた。36年に年間約1万台にすぎなかった国産車生産は、41年には4万台超に増加した。世界に冠たる日本の自動車産業の原点は、ここにある。

電機産業も戦時期に成長した。39年に芝浦製作所と東京電気が合併して東京芝浦電気が誕生し、20年に久原鉱業所から独立した日立製作所とともに、軍事経済を背景として成長した。松下電器産業も軍需生産に従事した（そのために松下幸之助は、戦後公職追放された）。

鉄鋼産業は明治からあった古い産業だが、34年に官営八幡製鐵所が母体となって製鉄会社が大合同し、日本製鐵株式会社という半官半民の国策会社が形成された。これが現在の新日本製鐵の母体だ。

戦後、電力会社や製鉄会社の社長、副社長には、通産省の幹部が多数就任した。また、57年から26年間日産自動車の社長・会長として君臨した川又克二は、興銀出身である。戦後の日本の大企業が、通産省や金融機関と一体だったことが分かる。

これは、戦前とはきわめて異なる企業群である。戦前の製造業の中心は紡績会社であり（開戦時の国内企業売上高第1位は鐘淵紡績）、銀行には依存せず、政府の介入や統制に強く反発した。

戦後日本の中核になった企業は、戦争がなければ成長できなかった。アメリカの歴史家ジョン・ダワーは、「純粋に戦後生まれの企業は、ソニーとホンダしかない」と言う。

56年の『年次経済報告』（経済白書）は、中野好夫の評論のタイトルを引用して、「もはや戦後ではない」と言った。生活実感としては、確かにそのとおりだ。しかし、これは皮相的な見方と言わざるをえない。なぜなら、高度成長の実態は、戦時期に準備されたシステムの本格的稼動だったからである。

2 戦時制度によって可能となった労使協調

根拠なき熱狂

「私に言わせれば、一部の者が国会の周りだけを取り巻いてデモっているだけで、国民の大部分は安保改定に関心をもっていない。その証拠に国会から二キロと離れていない銀座通りでは、いつものように若い男女が歩いているし、後楽園では何万の人が野球を見ている」(『岸信介の回想』)

1960年6月頃、銀座や後楽園は、確かに岸が言うとおりだった。それだけでなく、日本全体がそうであった。前年10月の政府世論調査によると、安保改定に反対が10%、賛成が15%、そして「関心なし、分からない」が75%に上っていた。

しかし、大学キャンパスはそうではなかった。デモで教室には誰もいなくなってしまったし、警官隊の放水でズブ濡れになった者が、誇らしげに闊歩していた。私を含めてクラスで3人だけがデモに行かなかったのだが、自治会委員に「君たちは知的に遅れているし、不誠実である」となじられた。

行かなかった最大の理由は、「安保改定のために日本が戦争に巻き込まれるという理屈は馬鹿げている」としか思えなかったことだ。ただし、自治会委員の高圧的で傲慢な言い方に反発を覚えたことも事実である。

しかし、「なぜ行かなかったのか」という問いは、その後、しつこく付きまとった。人に問われたわけではない。自分自身に対する言い訳が必要だった。「皆と同じ行動をしない」ことの、なんという居心地の悪さであろう。「安保闘争とは結局何だったのか？ あのデモは、意味があるものだったのか？」という問いは、私と同世代の多くの者が、長い間振り払えなかった疑問だ。

つい最近になって、田原総一朗『日本の戦後（上）』に、つぎの箇所を見つけた。「改正安保は、既存の安保条約よりよくなったのではないか」という田原の問いに対して、当時の共産主義者同盟（ブント）の指導者だった森田実は、「その点がぼくらの弱いところで、反対の明確な理由づけは出来なかった」と答えているのである。

そう聞けば、長年の疑問は氷解する。あのデモは、「根拠なき熱狂」に過ぎなかったのだ。はっきり言えば、単なる茶番劇である。しかし、同時に、唖然とせざるをえない。日本人は、なんと簡単に煽動されてしまう国民なのであろう（このあとも2度ほど、日本人は根拠なき熱狂に踊ることになる。80年代後半のバブルと04年の郵政民営化総選挙である）。

労使協調を可能としたもの

安保闘争当時の日本は、その10年前とはまったく異質の社会になっていた。48年から49年にかけて、日本は革命前夜と言ってよい状態にあった。48年には東宝争議が発生した。ピケ排除に米軍の装甲車や戦車も出動し、「来なかったのは軍艦だけ」と言われたほどの争議である。そして、

49年には下山事件、三鷹事件、松川事件が勃発。東芝争議が最終局面を迎え、騒然たる世情だった。48年8月に朝鮮民主主義人民共和国が成立し、49年10月には中華人民共和国が成立した。日本で共産主義革命が起こる可能性は、現実のものだったのである。

労働争議がこのように激化したいまひとつの背景として、「ドッジ・ライン」による大量の人員整理があった。生活を守るために労働組合が抵抗したのは、当然だったといえる。

この当時の争議を経験した経営者は、その後、労働組合と対決するのでなく労使協調が重要と考えるようになった（その代表が、東芝争議を収めた石坂泰三である）。そして、炭鉱などを除けば、労働運動は急速に沈静化した。

ここで確立した「労使協調路線」こそは、「日本型企業」と言われるものの本質である。これを成立せしめた要因として、つぎの二つを指摘することができる。

第1に、戦時期における企業改革で大株主の影響が排除された結果、大企業経営者のほとんどすべてが内部昇進者になった（戦前の日本では、経営陣は大株主の意向で外から来ることが多かった）。つまり、「社長」とは「出世レースに勝ち残った労働者」なのである。難しい言い方をすれば、「経営者と労働者の未分離」だ。彼らが労働組合と協調しようと考えるのは、ごく当然のことだ。

第2は、労働組合の特殊性である。先進諸国の労働組合は産業別に組織されるのが普通だが、日本では企業別労働組合がほとんどである。この原型も、戦時期にある。38年につくられた産業報国会は、労使双方が参加する事業所別の組織であり、労使の懇談と福利厚生を目的としたものであった。内務省の指導によって急速に普及し、労働者の組織率は、38年ですでに4割をこえた。戦後の労働組合は、これを衣替えして作ったものだ。企業別組合は、会社と運命共同体である。だから、経営者と対決するより、協調して企業を成長させようとする意識のほうが強くなる。

繰り返すが、このいずれもが、戦時期に形成されたものだ。つまり、日本の企業は戦時改革のなかで大きく変質し、それが終戦直後の労使対決を克服した50年代後半から、明確な形をとってきたのだ。それは、全員が共通の目的のために協力するという意味で、軍隊と同じ性格の組織である。だから、「企業戦士」という言い方は、比喩以上の意味を持っている。

企業一家を支えた税制

安保改定当時の日本人にとって重要だったのは、革命ではなく、企業一家の一員になることだった。これは、最初に就職した会社で労働期間の大部分を過ごすことであり、生活のすべてを会社にささげる生き方だ。もっとも、これが可能だったのは大企業であるから、日本人のすべてが会社人間になれたわけではない。しかし、誰もがそれを望んだことは間違いない。

「企業一家」を支えたものとして、法人税の制度がある。第1は、退職給与引当金だ。これは、退職金の総額に相当する額を、引当金として課税所得から控除できる仕組みである。それは退職金支払いのために積立てておく必要はなく、自由に使える（通常は設備投資にあてた）。簡単に言えば、正社員数が増えれば法人税が軽減される仕組みである。第2は、社宅の建設と維持に要する費用が損金として認められることだ。

いずれも、相当の節税効果を発揮する。別の表現をすれば、正社員を増やし、彼らに社宅を提供すれば、補助金が得られるのと同じことになる。これによって利益を得たのは、高度成長を牽引した重化学工業であり、その典型は鉄鋼産業である。

第2章の***3***で述べた財政投融資（開銀融資）も複雑だが、ここで述べた税制はもっと複雑である。そして、どれだけの補助がどの企業に与えられたのかは、明示的には分からない。「分かりにくい形の補助」というのが、高度成長期の成長促進策の特徴だ。だから、これを考え出したのは、相当の知恵者である。

社宅も退職金も、従業員が一つの企業に長期にとどまることを促す。こうして企業一家が形作られた。しかも、当時は「岩戸景気」の真っ只中である。生活が目に見えて改善している状況で、革命が起きるはずはない。

安保闘争を煽動した人々は、日本社会が大きく変質しつつあることを認識できなかった。「高度成長」の意味を理解できなかった当時の学生運動の指導者たちは、「歴史認識」という革命家に要求される最重要の資質を欠いていたことになる。

「安保闘争が終結して、政治の季節から経済の季節になった」とよく言われる。しかし、その認識は誤っている。政治の季節は、安保闘争より10年前にすでに終わっていたのである。

3 国際化で戦時体制が変質し始める

大蔵省に入省する

「今日から君は通産省の人間だ」

こう言って握手の手を差し出したのは、佐橋滋特許庁長官である。隣で、丸顔の人が無言のまま温和な笑みを浮かべていた。この人は川原英之秘書課長だと、後になって知った。

これは、1963年の夏のことだ。私は工学部の大学院にいたが、視野の広い仕事がしたいと考えて、経済学を独学で勉強していた。公務員になるつもりはなかったのだが、力試しに経済職の公務員試験を受けた。ひやかし半分で通産省に出かけたところ、あっという間に佐橋長官に捕まってしまったわけだ。川原秘書課長からは非常に強い印象を受けた。いま思い出しても、胸が痛くなる。

それにもかかわらず彼らの下で働くことにならなかった

佐橋滋（左）と高木文雄

のは、帰宅したとたんに大蔵省から呼び出しの電話を受けたからだ。あわてて出向くと、高木文雄秘書課長（後の大蔵事務次官、国鉄総裁）が現われて言った。「お前を採用する」「つい先ほど、通産省で握手してきました」「オレが始末するから、何も心配しなくてよろしい。それより、主計局通産係に行って話を聞いて来い」

「通産省は大蔵省では一つの係にすぎない。だから大蔵省に来い」という強引きわまりない論理に基づく、有無を言わさぬ「命令」だった（そのとき私に話をしてくれた主計局通産係主査は、後に経済企画庁次官となった藤井直樹氏である）。

それから20年以上たって、佐橋氏と話す機会があった。しかし、私の面接のことは、覚えていないようだった。

川原氏とは、ついに話す機会がなかった。66年、通産省官房長在職時に急逝されたからである。氏は、城山三郎『官僚たちの夏』に、「鮎川」という名で登場する。鉱山保安局長当時に吹雪をついて夕張炭鉱に向かい、ガス爆発事故の処理を指揮したエピソードは実話であり、読む人の胸を打つ。

挫折した特振法

これは、有名な「福田台風」の直後のことである。福田一通産大臣は、佐橋の同期である今井善衛特許庁長官を次官に任命。次の次官と誰もが考えていた佐橋企業局長を今井の後任に回した。この前例のない人事に、通産省のすべての仕事はストップしたと言われる。

しかし、佐橋は人事権を掌握し続けた。特許庁長官という外局の長が通産本省の採用試験を仕切っていたのは、そのためである。

そしてこれは、佐橋軍団がもくろんだ「特振法」（特定産業振興臨時措置法）が挫折した直後のことでもあった。この間の事情を説明しよう。

50年代の末から、日本の自由化を求める声が、欧米諸国で強くなっていた。59年秋のＩＭＦや国内市場の開放が要求された。輸入自由化率を3年以内に80％とすることを目標とする「貿易・為替自由化計画」を日本政府が決めたのは、安保反対のデモが国会を取り巻いているさなかである。当時の政府にしてみれば、「自由化にいかに対応するかが最重要の課題で、安保どころではなかった」のである。

（国際通貨基金）やＧＡＴＴ（関税および貿易に関する一般協定）の総会で、通貨の交換性回復

63年に日本はＧＡＴＴ11条国（国際収支上の理由で輸入制限ができない国）に移行。輸入自由化率は90％を超えた。日本はとにかくも貿易自由化を達成したわけである。

ところで、それはモノの自由化である。つぎの課題はカネの自由化、つまり資本自由化だ。それまでは、50年に制定された外資法によって、外資の対内直接投資を規制していた。ところが、ＯＥＣＤ（経済協力開発機構）加盟の条件として、資本取引を自由化し、日本国内における子会社の設立や株式取得などを自由化することが求められた。

しかし、資本力でも技術力でも、外国企業が圧倒的に強い。「日本でいちばん売れている自動車でも月産５０００台だが、アメリカは10万台」というせりふが、『官僚たちの夏』に出てくる。

直接投資を自由化すれば、外国企業が日本に進出し、日本企業はあっという間に支配されてしまうだろう。これは、「第2の黒船」として恐れられた。

「それにもかかわらず、国内では過当競争が行なわれている」というのが、佐橋らの考えだった。これを国際競争の圧力にさらせば、日本経済はひとたまりもなく崩壊する。そうさせないためには、日本の産業を強化しなければならない。

そこで、企業の合併や提携を進めて、生産を集中させる。また、企業間で投資を調整する。その見返りに、金融措置と税制措置を与える。これが特振法の内容であった。対象業種として、まず、特殊鋼、自動車、石油化学が考えられた。

これに対して、石坂泰三が率いる経団連、金融界、そして大蔵省が強く反対した。特振法は、63年春に国会に提出されたが、審議未了で廃案となった。その後2回提出されたが、同じ結果に終わった。

終わりの始まり

このとき保護が必要と考えられた自動車産業は、いまや世界に冠たる地位を占めている。「自動車産業は、政府の干渉がなかったからこそ成長した」と言うべきだろう。

36年の「自動車製造事業法」でアメリカのビッグスリーを日本から追い出して離陸し、その後も輸入車制限で手厚く保護されて成長してきた日本の自動車産業。それがなんとか独り立ちできる段階に達した時点で、過保護ママがおせっかいな手を出し、拒絶されたのだ。なんという皮肉な歴史のめぐり合わせだろう。

自動車に限らず製造業一般について、日本企業はもはや通産省の庇護を必要としないまでに成長していた。佐橋が見誤ったのは、この点だ。

いま考えれば、特振法は日本経済のためというよりは、通産省の生き残りのためのものであった。通産省がかつて握っていた貿易面の権限は、貿易自由化で縮小した。開銀融資の決定に通産省は大きな影響力を持ち続けていたが、民間金融機関の成長で、開銀の重要性そのものが低下した。だから、通産省には新しい権限が必要だった。しかし、そう考えること自体が、すでに時代遅れになっていたのである。

これは、同時に、大蔵省と通産省の戦いだった。特振法が成立すれば、銀行の融資を通産省がコントロールすることになり、銀行に対する大蔵省の支配力は弱くなる。だから特振法をめぐる争いは、経済官庁間の「最終戦争」だったのだ。この戦いに勝ったのは、大蔵省だ。

ただし、これは、コップの中の嵐であった。なぜなら、国際化はいずれ戦時経済システムそのものを破壊するからである。これまで強調してきたように、統制経済は、鎖国的環境の中においてのみ機能する。すでに貿易自由化は、通産省の役割を著しく低下させた。資本自由化が進めば、戦時金融体制は維持できなくなる。それはやがて大蔵省の地位を揺るがせるだろう。

だから、特振法の挫折は、通産省だけにとっての「終わりの始まり」だったのではない。それは、戦時経済体制全般にとっての「終わりの始まり」だったのだ。しかし、これは、いまだから言えることである。当時、そのように予想できた人はいなかった。

64年4月、われわれ大蔵省入省者を前にして、谷村裕官房長は「諸君は底値を拾った」と言った。しかし、いま振り返れば、このときの入省者は高値を摑んだのである。

4　公共事業の時代が始まる

角栄流人心収攬術を垣間見る

「諸君の上司にはバカがいるかもしれん。意見を理解してもらえないときは、遠慮なく大臣室に駆け込め。オレが聞いてやる」

1964年の4月、大蔵省への新入生を前にして大臣室でこう訓示したのは、田中角栄大蔵大臣である。後ろで高木文雄秘書課長がにが笑いしていた。

訓示が終わると、1列に並んで起立しているわれわれのところにつかつかと歩み寄り、一人一人の名を呼びながら握手を始めた。メモなしに、20人の名をすべて間違いなく呼んだのである。あとで知ったことだが、大蔵大臣就任時の挨拶でも、「大臣室に駆け込んでよろしい」と言っていたらしい。たぶん、他のところでも似たようなことを言っていたのだろう。だから、われわれが特別扱いされたわけではない。しかし、突然こう言われた者には、絶大な効果だ。

私は、角栄流人心収攬術のほんの一部を垣間見たにすぎない。しかし、この短い入省式は、いつまでも消えない印象を残した。一瞬のうちに相手の心を摑むのが政治家に要求される最重要の資質であるとすれば、田中角栄は世にも稀な才能を持った天才政治家ということになる。これからあとの日本の政治が、よくも悪しくも彼の影響を免れえなくなるのは、当然のことだ。

高木秘書課長の訓示は、つぎのようにきわめて具体的・実践的なものだった。「諸君の先輩で、酔って警官をお堀に投げ込んだものがいる。ここまではやってよろしい。オレが引き取ってやる。しかし、それ以上はやるな」

この訓示で重要なのは、「それ以上はやるな」というところだった。「やってよいこと」の限界を、きわめて具体的な形で示したのである。しかし、この「限界」がいかに重要かと分かるのは、それから四半世紀あとになってからのことだ（第7章の***3***を参照）。

田中角栄が変えたもの

田中の大蔵大臣就任は63年の7月。彼は45歳だった。これは、史上最年少の大蔵大臣である。その記録はいまだに破られていない。

大蔵大臣就任中に行なったことも、大蔵省の伝統的な方針にはそぐわないことが多い。65年には山一證券に対する日銀特融で証券危機を収拾したが、これは無担保、無制限という金融の常識に合わない特別措置だ（本章の***5***を参照）。また、71年の幹事長時代に自動車重量税を創設して（実質的に）特定財源にしたが、特定財源は大蔵省が嫌う措置だ。これらを実現しえたのは、彼が大蔵省を意のままに動かせたからだ。

大蔵大臣（財務大臣）になった政治家は多数いるが、大蔵省を掌握した政治家はきわめて少ない。田中の前に池田勇人、後に竹下登がいるだけと言ってよい。ただし、竹下は、大蔵省の望む政策（とりわけ消費税の導入）を実現するために、自民党に対する防波堤となった。つまり、彼は大蔵官僚のために働いたわけだ。それに対して田中は、大蔵省の方針に反して自らの意思を通した。このような大蔵大臣は空前であり、（財務大臣を含めても）絶後であろう。

この約20年前の53年に、田中は議員立法で揮発油税収入を道路特定財源にしている。特定財源措置は、その後、自民党道路族にとって重要な権力基盤となった。そして、この利権構造は、小泉構造改革によっても少しも揺らがず、現在まで続いている（なお、彼が議員立法で作った法律は33本にのぼる。これも、その後破られていない記録だ）。

53年の時点で道路に目をつけたのは、驚くべき先見性といわざるをえない。なぜなら、当時の日本では生産力増強が最優先の課題であり、乗用車が日常的に使われるようになるなどとは思えなかったからだ（このときの自家用乗用車の保有台数は、わずか8万5000台である）。

60年代中ごろになって生産力が向上し、ようやくインフラストラクチャの整備に資源を振り向けるだけの経済力を日本は持つに至ったのだ。この時代に田中角栄が大蔵大臣として登場したのは、歴史のめぐりあわせと言えるだろう。20年早くても遅くても、彼は手腕を発揮できなかった可能性がある。

すでに述べたように、造船疑獄を経験した自民党は、経団連を通じる献金体制を確立していた。しかし、田中が作り上げたのは、それとは別の個人用集金マシンだ。宏池会の人々がチームワークで仕事をしたのとは、対照的である。

田中が作り上げたシステムは、日本の政治を金権政治化した。それだけでなく、田中は大蔵省にも重大な影響を与えた。ただし、それは「金権」によってではなく、人事を通じてである。さらに、大蔵省の人間の価値観を変えた。これは、あまり認識されていないことだが、バブルを経て大蔵省の権威が崩壊する過程は、このあたりから始まったと見ることができる。これについては、第6章で述べることにしよう。

公共事業で一変した日本の景観

私が小学生の頃、東京の街なかを馬が荷車を引いて歩いていた。家の外には木のゴミ箱があり、それをあさる人の姿があった。しかし、そうした風景は、この頃までに東京から消えた。道路を走る車が増え、大きな通りの四つ角にあったロータリーは消えた。トイレは水洗になり、家の中からハエやカが消えた。

オリンピックのための公共事業で、東京はさらに変貌した。道路がいたるところで掘り起こされ、地下鉄が建設された。64年9月に、ＩＭＦ・世銀総会が竣工直後のホテルオークラ、ホテルニューオータニ、東京ヒルトンホテル（後のキャピトル東急ホテル）で開催された。われわれ大蔵省の新入生は、その手伝いに駆り出された。都心に高速道路が走り、暫くして都電が消えた。

都市近郊の農村では、農地の宅地化が猛烈な勢いで進んだ。まさに「滄海変じて桑田となる」大変貌だ。そして、名神高速道路、東海道新幹線、公団住宅など、それまで日本人が見たことのなかった巨大な公共事業が生活環境を変えていった。

私はＩＭＦ・世銀総会の手伝いに駆り出されていた関係で、出席者を案内して開業直前の新幹線に東京から京都まで試乗したことがある。そのスピードに驚嘆した。帰途が在来線だったので、ことさら印象的だった。

東海道新幹線の建設には、世銀融資が使われた。日本の経済力は高まったが、大規模プロジェクトには世銀の力を借りる必要があったのだ（世銀融資は、道路公団にもなされた。なお、これ以前に電力会社や製鉄会社への世銀融資があった）。

ここで、いくつかの統計指標について、１９５０年と65年の値を比較してみよう。農林業従事者の比率は、49％から22％に低下し、郡部人口１に対する市部人口は、０・６から2・１に増加した。水洗便所設置住宅数は、約11万戸から１４３万戸に増えた。出生１０００につき乳児死亡者は、60から18に低下した。自家用乗用車は３万４０００台から１７０万台になり、舗装済国道延長は２０００キロ弱から１万６５００キロ強になった。

農業従事者が急減し、それを上回る勢いで人口の都市化が進んだこと、また日本人の生活水準がめざましく向上したことが分かる。わずか15年間にこれだけの変化が生じたのだ。

現在と15年前の日本を比較しても、ＧＤＰの数字にあまり大きな変化は見られない。それと比べて高度成長期の日本の変わり方がいかに激しかったか、統計の数字を見るといまさらながらに痛感する。

5 大きな後遺症を残した証券危機

「それでもオマエは頭取かっ！」

1965年5月28日の夜、興銀、富士、三菱銀行の頭取と日銀副総裁、そして大蔵省幹部が日銀氷川寮にひそかに参集した。証券市場の危機的状況に対処するためである。

新聞のスクープがきっかけで山一證券の危機が暴露され、22日から山一の支店には顧客が殺到して長蛇の列をつくった。28日には株価が暴落。山一の資金繰りはもう続かない。山一が倒れれば金融危機になる。

日銀特別融資しか方法はないという点で出席者は一致していたが、細かい点で意見が合わず、議論は難航した。何しろ、無担保、無制限の融資は、日銀の「伝家の宝刀」だ。失敗したら誰が責任を取るのか。

国会審議の遅れで9時過ぎに到着した田中角栄大蔵大臣は、汗をぬぐいながら、最初は黙って参加者の話を聞いていた。

11時近く。田実渉三菱銀行頭取が「こんなにごたごたするようなら、取引所を2、3日クローズしたらどうですか」と言った。田中が不機嫌な声を出す。「閉めてどうする」「その間にゆっくり対策を考えればいいじゃないですか」

そのとたんに、田中の大声が響き渡った。

「手遅れになったらどうする！　それでもオマエは頭取かっ！」

場は凍り付いた。田中のすさまじい剣幕に圧倒されて、日銀特融は、一瞬のうちに決まった。29日の土曜は半日の立会いだが、相場は反発。前年から続いていた証券危機は、間違いなく大きな山を越えた。

危機を生んだ株屋的体質

証券危機の背景には、日本の株式市場に特有のゆがみがあった。いささか専門的になるが、重要なので説明しよう。

この頃までの日本の増資は、株主に額面で割当てる方式が中心であった。株主からすると、株価が高くなれば額面との差が自動的に転がり込んでくるから、高株価を歓迎した。他方で、配当が少なくとも、問題にすることはない。

増資する企業の立場になると、株価が高くとも額面分しか手に入らないから、利益をあげて株価を高くすることには関心がない。また、配当が低くても、株主から苦情は出ない。

半面で、成長して増資すれば歓迎される。したがって、「利益」に関心をもたず、もっぱら「成長」を追求した。しかも、大きくなれば支配力が増し、社員の定年後の天下り先も増える。こうして、「成長」が企業の唯一の目的となった。

額面増資では、たいした資本調達はできない。したがって、企業は銀行依存から脱却することができなかった。ただし、企業の立場からしても、借入れは物価上昇によって実質価値が減価するので、望ましかった。

額面増資では、株式市場は企業資金調達の場にはなれない。そこで大蔵省は、これをやめて時価発行増資に移行することを求めた。しかし、証券業界は、この方針に強硬に反対した。「額面増資に対する株主の期待はすでに株価に織り込まれているから、それをやめれば株価が下落する」と主張したのである。

証券会社は、目先の利益に囚われて、本来果たすべき役割を放棄したことになる。銀行中心の経済体制は、戦時中に政府の強いイニシアチブで導入されたものだが、それが戦後も長期にわたって続いたのは、証券会社のこのような体質にもよる。

こうした状況下で株価を吊り上げるために、証券会社はつぎのような営業を行なった。まず成長が見込まれる企業を選定し、「成長株」として推奨販売する。そして、株価がある程度値上がりすると、その株を売らせて、投資信託が引き取る。

この仕組みは、投信を道具として株の営業を行なうものだから、投信購入者をあざむく背信行為だ。しかし、経済成長で株価が上昇し続ければ、投信も一定の利回りを維持できる。

実際、60年に東証ダウが1000円を越した頃から投信は急成長を開始した。「銀行よ、さようなら。証券よ、こんにちは」という宣伝文句につられて、人々は銀行預金を解約して投信を購入した。投信は、「池の中を鯨が泳いでいる」と言われたほどの規模に膨れ上がった。

しかし、63年11月、ケネディ大統領の暗殺をきっかけとして株価が暴落。高株価の銘柄を組み込んであったので、投信の元本割れが続出する。投信は元本保証と思っていた人が多かったため、パニックが起こる。こうして危機が深刻化したのである。

この当時の山一社長は、興銀出身で日産化学工業社長だった日高輝だ。興銀頭取中山素平から山一社長就任を要請された日高は、「お＊＊屋のつぎは株屋か」と言ったそうである（「お＊＊屋」は日産化学が肥料メーカーであることを示す差別的表現）。証券会社に対する当時の人々の考えを端的に表わしている（ちなみに、当時の日興證券社長湊守篤も興銀の出身）。

企業の閉鎖性が強まる

証券危機を救ったのは、日銀特融だけではない。64年に銀行主導で「日本共同証券」が設立され、さらに65年に「日本証券保有組合」が設立され、株を買い上げた。「銀行よ、さようなら」とは言ったものの、結局は銀行・日銀・大蔵省の連合軍が危機を救ったのである。この経験から、証券業界では、「最後は親方日の丸が助けてくれる」という期待が一般化した。これが証券危機の第1の後遺症だ。

第2の後遺症は、企業間の株式の持合い、とりわけ銀行の株式保有が進んだことである。本章の***3***で述べたように、60年代になってから、外国企業による買い占めへの恐怖は強かった。共同証券と日本証券保有組合が放出した株は、「安定株主」作りに絶好の材料を提供したのである。

銀行による株式保有は、46年の財閥解体のときにも起こった。アメリカでは商業銀行の株式保有は禁じられているが、日本では戦前から認められていた。占領期においても、それが禁止されることはなかった。独占禁止法によって相手会社の発行株式数の5%という上限が賦されたが、大きな制約にはならなかった。このため、放出された株式を銀行が購入し、銀行を中心とする系列支配体制が形成されたのである。この結果、49年に69・1%であった個人の持ち株比率は、60年に46・3%、75年に33・5%と低下した。他方で金融機関の比率は、同時期に9・9%から30・6%へ、さらに36・0%へと上昇した。

本章の**2**で述べたように、日本の大企業では内部昇進者が経営者になる。このため、企業が外に対して閉鎖的になりやすい。安定株主工作によって浮動株が減少したため、この傾向に拍車がかかった。「会社人間」とは、「会社第一で、生活や家庭を犠牲にする人」というだけでなく、「会社外のことには一切関心を抱かない人」のことでもあるのだ。

こうして日本の株式会社は、株主を意識しない組織になった。戦時革新官僚の理想は、株主の影響を排除し、利益を追求しない株式会社を作ることだった。それが皮肉にも戦後の日本で実現されたのである。

業界内のシェア拡大には死力を尽くすが、利益には無関心。赤字になってもよいから、とにかく図体を大きくする。軍が占領地域の拡大を求めるのと同じだ。「大きいことはよいことだ」は、現在に至るまで少しも変わらぬ日本企業の行動原理である。この行動様式は、この後、日本経済の規模拡大につれて、世界中で摩擦を起こしてゆく。

第4章　国際的地位の向上

1 世界で最も効率的な社会主義経済

「昭和元禄」？

「東京のあちこちが掘り起こされ、補償金がころがりこんだ『にわか成金』たちがそこら中に誕生した。物質至上主義が全面を覆い、レジャー、バカンス、その日暮しの無責任、無気力が国民の間に充満し、〝元禄調〟の世相が日本を支配している」

福田赳夫は、高度成長期の世相をこのように嘆いた（『回顧九十年』一部を省略して引用）。福田の古めかしい価値観からすると、高度成長に沸く「昭和元禄」の日本は、耐え難いものだったのだろう。

ただし、この批判は世をすねているようにも聞こえる。この時期の福田は、自民党政調会長をはずされて不遇だったので、それが反映しているのかもしれない。

福田のこうした嘆きをよそに、証券危機を克服した日本経済はひたすら成長を続けた。65年から70年の年平均成長率は、実に17・4％に及ぶ。企業の大型合併も続いた。64年には、集中排除法で分割されていた三菱重工業が再生。70年には新日本製鐵が発足し、71年には第一勧業銀行が誕生した。

この当時の日本社会は、福田が批判するように退廃的なものでは必ずしもなく、むしろ活気にあふれ、未来への期待に満ちたものだった。70年の大阪万国博覧会は、その象徴である。また、66年に政府が明治100年記念事業として「21世紀の日本」という論文を募集したことにも現われている（私と友人は、共著の論文「21世紀の日本——一万日間の選択」で最優秀賞をとった。その内容は東洋経済新報社から出版された[1]）。

戦時立法が戦後の兼業農家を作る

しかし、高度成長がさまざまな問題を引き起こしたことも事実である。それらは、「成長のひずみ」として意識されるようになった。

まず、「二重構造」が発生していると言われた。大企業が新技術の活用で生産性を上げるのに、中小零細企業は前近代的なまま取り残されているという批判だ。

こうした格差があったことは事実である。しかし、時間的な遅れがあったとはいえ、多くの中小企業は、大企業の下請けや系列として、あるいは独自に、成長の果実を享受した。

しかも、中小零細企業には、さまざまな公的補助が与

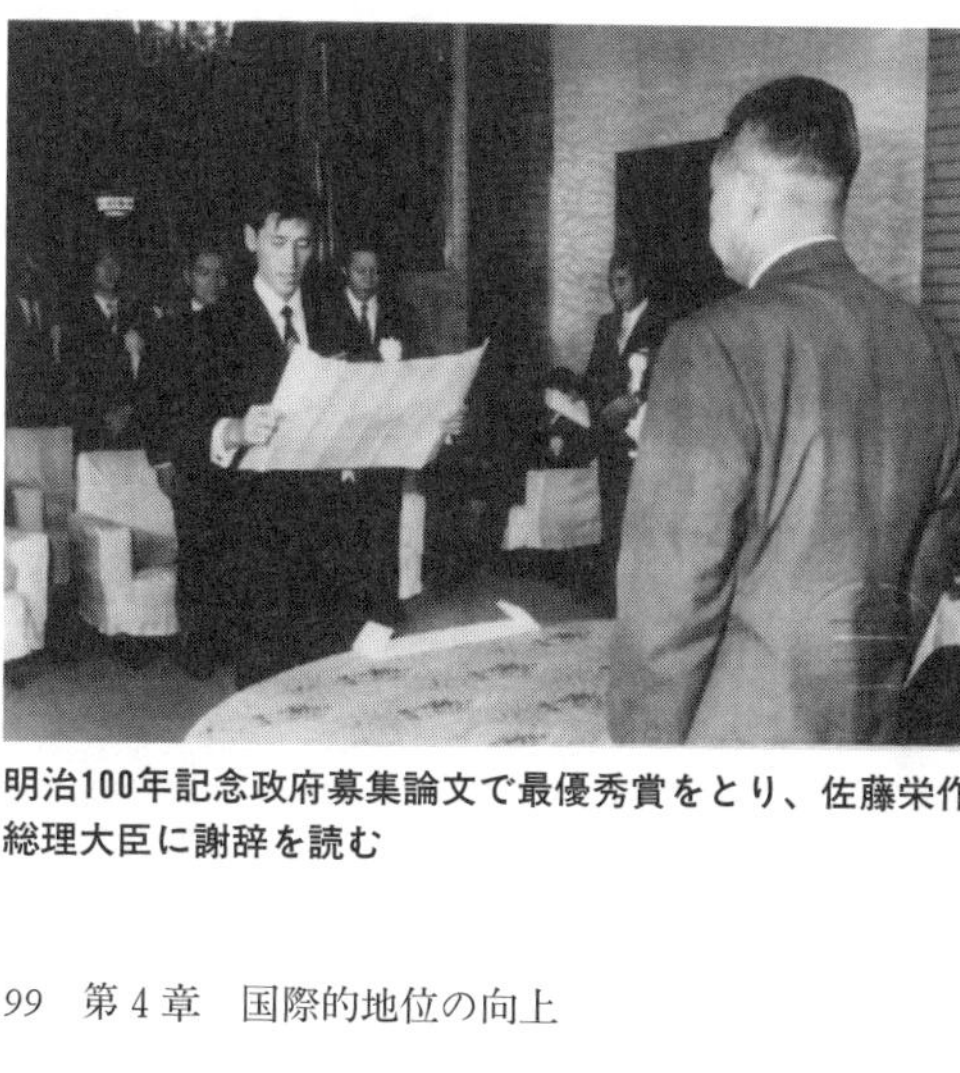

明治100年記念政府募集論文で最優秀賞をとり、佐藤栄作総理大臣に謝辞を読む

えられた。財政投融資の対象となる中小企業金融公庫や国民金融公庫はすでに存在していたが、環境衛生金融公庫、北海道東北開発公庫、沖縄振興開発金融公庫などの機関がつぎつぎに作られ、低利の政策融資をおこなった。税制面でも、さまざまの恩典が与えられた。このため、中小零細企業は、革新政党ではなく、保守政党の政治基盤となった。

より大きな格差は、製造業と農業の間に生じた。経済が成長するとき農業が衰退するのはどこの国でも同じだが、日本の場合には、特殊な現象が発生した。それは、農業の比重が低下したにもかかわらず、農家が残ったことである。

これを可能としたのは、戦時立法である食糧管理法だ。これが戦時期に地主対小作人の力関係を大きく変えたことは、第1章の***3***で述べた。戦後に残った食管制度は、当初は消費者に安い米を供給する制度として機能したが、60年頃から、生産者米価が消費者米価を上回るようになった。この差額は年々拡大し、税金によって補塡された。つまり、食管制度は、財政資金によって米作農民に補助を与える手段に変質したのである。

他方で、機械の導入で省力化が進み、米作は片手間でもできる仕事になった。この結果、「3ちゃん農業」と呼ばれる兼業農家が、農家の大部分（85年には86％）を占めるにいたった。土地を集約して大規模経営をすれば農業生産性は向上したはずだが、農民が土地にしがみついたので、農地の流動化は進まなかった（ただし、宅地化されるときは喜んで手放した）。

つまり、「大地主」という戦前の保守階級を解体するために作られた制度が、戦後の日本では兼業農家に補助を与える装置と化し、農業の生産性を低位にとどめたまま、保守政党の基盤となったわけだ。

このように、経済の高度成長を促進する政府の政治的基盤が、中小企業や農家など、成長から取り残される部門だったというのは、きわめて興味ある事実である。

私はこの当時、財政投融資を所管する大蔵省理財局資金課で、文字どおり一日中（「24時間」という意味である）こき使われていた。地下の仮眠室で、都電の一番電車の音を聞きながらウトウトしていたことを思い出す。

65年度の財投追加で、資金運用部が財源捻出のために売却した資産の中に興銀債が含まれているのを知って、驚いた（興銀は民間の金融機関だからである）。いま振り返れば、興銀や開銀を経由して基幹産業に資金を供給する仕組みであった財政投融資は、この頃を境として、低生産性部門に補助を与える仕組みに変質していったのである。

資本家のいない平等社会

高度成長の金融システムは、社会構造の点でも重要な意味を持った。

企業は銀行借り入れで資金を調達したが、物価が上昇すれば負債の実質価値は下落する。他方で、家計が保有している預金の実質価値も下落する。こうして、膨大な額の「目に見えない補助」が家計から企業に与えられるのと同じ結果になった。

株式で資金が調達される場合には、物価上昇に伴って株価も上昇するから、「目減り」という問題は生じない。だから、仮に戦前の金融システムが継続していたなら、少数の裕福な資産家が株保有を通じて企業を支配したのみならず、経済成長によって株式価値を増大させ、巨額の富を蓄積していただろう。しかし、このようなことは生じなかった。戦後の日本には、「資本家階級」は存在しなかったのである。そして、企業は成長の成果を賃金引き上げを通じて家計に分配した。

土地の所有状況を見れば、農村の土地は、農地解放によって少数の大地主から多数の小作人の手にわたった。都市に地主は存在したが、戦時中に改正された借地借家法のために借地人の立場が強くなり、借地は事実上所有地と同じものになった（改正の目的は借家人保護だったのだが）。したがって、都市における土地所有も、実質的に零細化したのである。

こうして、世界でも稀に見る「平等社会」が実現した（これについては、第9章の**2**も参照）。

これまでに述べたことも含めて戦後日本経済の基本性格をまとめれば、つぎのようになる。企業は株主の影響外にあり、利益を追求せずひたすら規模の拡大を求める。大地主や大資産家は存在しない。土地は膨大な数の零細地主が保有する。そして、国家財政が農業や中小零細企業などの低生産性部門に補助を与える。こう整理してみれば、戦後の日本経済は、社会主義経済に他ならないことが分かる。

その基本的な枠組みは、戦時経済体制として作られたものだ。戦時革新官僚が意図したとおりの姿にならなかったのが皮肉なことだが、ソ連や中国よりはるかに効率のよい社会主義経済ができあがったのは事実である。

経済システムそのものが社会主義的であり、国が社会主義的な所得再分配政策を行なったので、「革新」を標榜する政治勢力が実質的な存在意義を主張する余地はほとんどなかった。高度成長以降の革新政党が、地方自治体以外に政治勢力を拡張し得なかったのは、当然のことだ。

（1）当時の佐藤総理大臣秘書官であった楠田實氏の『楠田實日記』1968年10月17日の項に、後日、つぎの文章を見つけた。

官邸内の一室で、小池参事官と明治百年の（総理大臣用の）式辞と談話を書く。式辞は、明治百年記念論文「二十一世紀の日本」の論文当選者3人グループの論文を主体に……。

2 アメリカから見た日本

アメリカの「途方もない豊かさ」

1968年の秋に、私はアメリカ留学に出発した。それまでも留学の機会はあったのだが、応募する気になれなかった。このとき私は建設省に出向中で、所属課の課長に勧められて試験を受け、フォード財団の奨学金をうることができた。

羽田空港には、出国手続きを終えてゲートに向かう途中に、見送りの人たちとの別れをガラス越しに惜しむ場所がある。ここを過ぎると、もう一人きり。遣唐使船に乗り込む気分だった。留学生は、大きな胸部レントゲン写真を抱えてゆく。飛行機の隣席はタイからの留学生で、やはりレントゲン写真を持っていた。日付変更線を越えるとき、機長のサイン入り証明書が乗客全員に配られた。

飛行機はDC8で、アメリカ大陸までは直行できず、ハワイで給油した。「白人が労働しているのを見て驚いた」と小田実『何でも見てやろう』に書いてあるが、私もまったく同じことを感じた（日本は被占領国だったため、こう感じるのである）。

留学先はカリフォルニア大学ロサンゼルス校（UCLA）。空港からの高速道路をサンセット通りで降りると、ベルエアという高級住宅地を通る。まばゆい陽光の中に、信じられぬほど豪華な住宅がきらめいていた。

アメリカの第一印象は、「途方もない豊かさ」である。ベトナムで交戦中の国とはとても思えなかった。夜になると、空気は植物のかぐわしい香りで満たされる。戦災で樹木がなくなってしまった東京に育った私にとって、それは、到底手が届かない豊かさの象徴に思われた。

中進国日本

海外旅行は64年に自由化されたばかりで、この頃の海外旅行者は年間20万人程度だった。太平洋横断のエコノミー往復料金は、私の給与（月2万円程度）の半年分くらいだった。

アパートは、最も安いところで、月100ドル。1ドル360円のレートで換算すると、私の給与の2倍近い。湯が出なくともよいからもっと安いところはないかと探したが、そういうアパートは存在しなかった。

日本はかなり豊かになっていたのだが、世界的標準では、やっと中進国になろうとしていたところだ。「日本にも高速道路がある。日本でも自動車を作れる。その車は高速道路を走ることができる」と言って、ゲラゲラ笑われた覚えがある（名神高速道路の全線開通は65年）。

ロサンゼルスでは、車がないとどこにも行けない。しかし、貧乏留学生には車など買えず、まことに惨めな生活だった。もっとも、アパートと教室と図書館をひたすら往復するだけの生活で、勉強以外のことをする余裕はまったくなかったから、不便には感じなかった。ときどき町に出ると、「アメリカを簡単に見学できて便利だ」と思ったくらいだ。ヒッピー全盛時代で、私も他の学生の真似をして、ひげを生やし、裸足で歩いていた。

ある日、東大安田講堂に放水している場面がテレビに映った（全共闘と機動隊の攻防）。アメリカの新聞やテレビに日本のニュースはまったく出てこない。だから、前後関係が分からず、びっくりした。

アポロ11号の月面着陸の日、私は指導教官宅のティーパーティーに招かれていた（この先生の講義に魅了されて、私は経済学を仕事にしたいと思うようになったのである）。テラスの会話で、ミュージカル「ヘア」が話題になっていた。着陸の時間になって、全員が居間に移り、テレビを見守った。アームストロング船長の言葉は雑音で聞き取れなかったが、隣にいた人が、「一人の人間には小さな1歩だが、人類にとって偉大な1歩」だと教えてくれた。

1年間で経済学の修士号（M.A.）を取得し、建設省でさらに1年間働いてから、70年に再び渡米した。このときも羽田からの出発だった。今度の留学先は東海岸のエール大学。ここで2年間勉強して経済学博士号（Ph.D.）を取った。普通は4、5年かかるのを2年間に圧縮したので、やはり勉強の他には何をする余裕もなかった。

日本への疑問と違和感

このときも、日本からの情報はほとんど入ってこない。日本の新聞を取り寄せていたが、船便なのでひと月ぐらい遅れる。だから実感がわかない。三島由紀夫の自殺や連合赤軍浅間山荘事件は、遠い世界の出来事と思えた。

71年8月、東京証券取引所の立会いの写真がアメリカの新聞に出た。これは、アメリカが金ドル交換停止を発表したニクソン・ショックのときである。全員が同じ白いシャツを着ているのが、いかにも奇妙に見えた。日本では当たり前のことが、外国から見ると実に奇妙に見える。

これ以外にも、それまで当然と思っていたさまざまなことについて、疑問を感じるようになった。まず、睡眠時間を削ってまで働く大蔵省の勤務体制は、異常だ（それまでも大学の研究室で夜中まで実験をやっていたので、大蔵省の超勤を苦には感じていなかったのだが）。

第2に、そんなに働くのに、給料が単身者用の小さなアパートの家賃にも及ばないのも変だ。アメリカの大学の有名教授は年俸5万ドルで、私の給与の約75倍。あまりに大きすぎる格差だ。

全員白いシャツの東京証券取引所立会い（1971年8月）

アメリカが豊かなのは事実だが、為替レートで換算した豊かさの差は、まったくおかしい（これは、1ドル360円のレートが、円を著しく過小評価しているからだ。実際、フロートしてから円は急速に増価した。これは、高度成長期の為替レートが輸出産業に対する見えない補助金になっていたことを意味する）。

日本では、大学で少し勉強したことだけを基準として、理系・文系というレッテルを貼ってしまう。官庁は工学部出身の私を採用してくれたのだからまだましだが、専攻変更を認めない国立大学や、出身学部だけで配属先を決めてしまう民間大企業の硬直性は度しがたい。アメリカの経済学部には、理系出身者が沢山いる。それだけではない。専攻を転換する私が勉強するのを、奨学金を出して支援してくれたのだ。

日本で当たり前のことが、アメリカでは全然そうではない。これらは、日本の暮らしを続けていれば感じなかったことだ。外から日本を見て、初めて分かった。私は、禁断の木の実を食べてしまったのかもしれない。

私は、この時期の日本で起こったことを、詳しく知らない。日本に戻ってから知ったことがいくつかある。一つは公害だ。留学前に建設省で仕事をしていたとき、アメリカの雑誌を読んで公害が問題になっていることを知り、課で執筆している『建設白書』のテーマに取り上げた。政府の白書で公害に言及したのは、これが第1号だと思う。帰国して誰もが「公害がひどい」と言っているので、驚いた。

もう一つは、時価発行増資が増えたことだ。日本もようやく直接金融の時代になるのか？　配属先は、大蔵省証券局で、大手4社の担当。MOF担の説明を聞いて細かいことに口をはさむだけ。主たる仕事は、外国の証券会社の日本上陸をあれこれ難癖つけて追い返すという、なんとも後ろ向きの仕事だった。

アメリカに着いたときは文化ショックを受けなかったが、日本に戻ったときには強いショックを受けた。日米の差だけではない。大学院で勉強して役所に戻れば、それだけで文化ショックだ。その上、証券業界は日本の中でも特殊だ。私は、3重の文化ショックを受けたことになる。

3 マンションを買うのが日本男子の夢?

高地価と「うさぎ小屋」

私の友人がアメリカの知人を自宅の近くに連れてきて、「あれが私の住んでいるマンションだ」と言ったところ、このアメリカ人は仰天したそうだ。

「あんな大きな建物に住んでいるのか!……それにしても、部屋数がずいぶん多いね」

「いや、私が住んでいるのは、そのうちの一室だけ」と説明しようとして、あわてて口をふさいだ。マンションとは大邸宅のことだ。一室だけでは、召使になってしまう!

日本の住宅が「猫の額ほどの土地に建てた家」と形容されていた頃には、まだ土地付き一戸建て住宅だった。しかし、60年代も後半になると、名前だけは大げさだが、実態は「うさぎ小屋」

(rabbit hutches) になってしまったわけだ。こうなった原因は、いうまでもなく、べらぼうな高地価だ。

地価上昇の原因は田中角栄の「日本列島改造論」だと言われることがある。しかし、地価はそれよりずっと前から上昇していた。原因は、工業化と都市化である。田中内閣になってから上昇率が高まったというわけではない。

上昇がとくに顕著だったのは、大都市圏だ。1955年を1とした指数でみると、6大都市の全用途平均市街地価格指数は、65年に10・8となり、75年に31・6となった。用途別に見ると、工業用地と住宅地の上昇率が高く、いずれも75年には55年の40倍近い水準になった（しかも、この指数は、実際の値上がりをかなり低く見積った数値だ）。

地価上昇率は、経済成長率よりもはるかに高い（1955年を1とする国内総生産は、65年で3・9、75年で17・7である）。「土地本位制」と言われたのは、もっともなことだ。持っているだけで10年間に価値が10倍にもなってしまう一方で、住宅ローンの負担は物価上昇によって目減りする。こうした状況では、どんなに無理しても、土地を買わないのは愚かというものだ。

戦前の日本の都市では、一生借家住まいは、ごく普通のことだった。しかし、戦後の大都市では、借家に住んで資産を金融資産で持てば、たちまちのうちに実質価値を失う事態になった。だから、単身者を除けば、事実上「家を買う」という選択肢しかなくなってしまったのである。後述するように、相続税制がこれをさらに後押しした。

得した人と被害を受けた人

地価上昇は、人々の富の配分に大きな影響を与えた。利益を得たのは、所有地を売却した人だ。その典型は、大都市近郊の農家である。彼らは労せずして巨万の富を得たことになる。

また、比較的早い時点で土地を取得した人や企業は、その後の地価上昇によって利益を得た。企業では、工業地帯に工業用地を取得した大企業である。個人では、終戦後の早い時期に借地をした人だ（第1章の***3***や本章の***1***で述べたように、借地権は所有権と同じようなものになったからである）。また早い時期に大都市で住宅地を購入した人もそうだ。

被害者は、遅れて都市にやって来た人、そして大都会に住んでいても、親から土地を相続できなかった人だ。彼らは、都心から離れた不便な地点に、建売住宅やマンションを高い価格で買わざるをえなかった。

かくして、日本人男子一生の夢は、「天下をとること」ではなく、「マンションを買うこと」になった。そこで力尽きて、あとは住宅ローンの返済にあえぐだけだから、「大志を抱け」と言ったところで、空虚に響くだけだろう。

マンガ「サザエさん」の磯野家は、戦後の早い時期に福岡から上京して、東京都世田谷区にある立派な一戸建て住宅に住んだ（たぶん、借地だろう）。庶民感覚を売り物にしていた「サザエさん」だが、こと住宅に関するかぎり、60年代の中ごろには、一般庶民とはかけ離れた水準になってしまったわけだ。

戦後の日本での所得分布は、世界でもまれに見るほど平等化された。しかし、資産分布では、一部の富裕層に富が集中したわけではないものの、「土地を持つ者」と「持たない者」の間に大きな格差が生じた。しかも、その格差は固定化された。アメリカの住宅地で所有者が頻繁に変わるのとは、大きく異なる。

なぜ地価が上昇したのか?

日本の地価は、なぜこれほど上昇したのか? 多くの人は、「国土が狭くて土地が希少だから」と考えている。しかし、そうではない。

基本的な理由は、土地が資産になってしまったことだ。つまり、「利用するために保有するのではなく、保有それ自体が目的で保有する」からである。

資産として保有する場合には、値上がりによって利益が発生するから、土地の利用収益はあまり重要でない。それよりは、売りやすいように低度利用にとどめておくほうがよい。このため、土地の有効利用が進まなかった。市街化区域内の農地はその典型だが、それだけではなく、建物も一般に低層であった。つまり、地価上昇の原因は、土地の絶対量が少ないことではなく、土地が有効に利用されないことだ。

土地が資産になったのは、地価上昇率が高かったからである。つまり、地価が上がるために資産として有利になり、そのため有効利用が進まず、さらに上昇率が押し上げられたのである。

その上つぎの三つの事情があった。第1は、税負担が軽減されたことだ。まず固定資産税や相続税における土地評価額を時価にあわせて引き上げることができず、地価に対する税の比率が下がった。その上、特別措置によって相続税の負担が軽減された。とくに、宅地予備軍である市街化区域内の農地に対しては、手厚い保護が与えられた。相続財産が金融資産なら重い相続税がかかるが、土地ならかからない場合が多い。つまり、「土地は相続のための通貨」になってしまったのである。

第2は、戦時中に改正された借地借家法のために借地権が物件化し、このため借地の供給がほとんどなくなってしまったことだ。

第3は、株式が資産のなかで重要な比率を占めることができなかったため、家計が保有できる実物資産（物価上昇に対して実質価値を維持できる資産）としては、土地しかなかったことだ。これは、戦時経済体制において間接金融方式が支配的になったためである。

ちなみに、ケインズ経済学では、「資産は貨幣と債券で保有する」と仮定されている。30年代のイギリスではそうだったのだろうが、戦後の日本ではまったく現実離れした仮定だ。物価上昇が常態である経済で貨幣を資産とみなす日本人などいなかったし、国債は発行されていなかったから、資産を債券で保有することなどできなかった。こんなことを金科玉条として平気で教えていた日本の経済学者には、あきれ果てるばかりでなく、憤りさえ覚える（エール大学での先生だったジェームズ・トービンのケインズ解釈では、金融資産と実物資産に区別されている）。

「日本人は農耕民族なので、土地に執着する」と言われることもある。しかし、これも誤りだ。実際、日本の農地には、「縄伸び」と言われる現象が見られる。登記簿記載の土地面積が、実際の面積より狭いのである。こうなった原因は、戦前の日本で地租が重い税であったため、その負担を軽減しようと、面積を過小に申告したことだ。戦前の日本人は、土地に執着するどころか、土地から逃れようとしていたのである。

4 開闢以来のバラマキが日本の財政を破壊した

「公的年金」というねずみ講

「一人を殺せば犯罪者だが、百万人殺せば英雄」とは、チャールズ・チャップリン「殺人狂時代」の名せりふだ（もとは哲学者エラスムスの言葉）。同じことが財政についても言える。

ねずみ講は、「無限連鎖講防止法」によって違法とされており、罰則も定められている。しかし、国はこれと同じことをやっているが、それは違法と見做されていない。それが「公的年金」という仕組みだ。

この仕組みでは、戦前に生まれた人は、わずかばかりの保険料を払って年金を受給する。その年金は、本人が払った保険料ではとても賄いきれないほど高額なので、あとから生まれた人々が負担する。厚生労働省はこれを「世代と世代の助け合い」と説明しているが、先の世代があとの世代を支えることはない。だから、これは、正確には「あとの世代が先の世代の年金を支える」制度である。つまり、「年金はねずみ講です」と言うほうが正確だ。

日本の人口が増え続ければ、この仕組みは破綻しない。しかし、人口増加率が低下すると、あとから来た人々の負担率は上昇する。日本の年金制度は、暫く前からこうした状態に苦しみ続けている。

「国家的ねずみ講」が整備されたのは、１９７３年のことだ。69年に月額２万円に引き上げられたばかりの厚生年金の給付額は、このとき一挙に５万円に引き上げられた。また、物価スライド制が導入された（ただし、この当時の厚生省は、年金をねずみ講とは認識しておらず、本人が支払う保険料で賄われると考えていた。しかし、年金計算において大幅に過大な割引率を使ったので、必要保険料を著しく過小評価した。このため、実質的にねずみ講になってしまったのである。これについては、拙著『「超」リタイア術』を参照）。

この年には、老人医療が無料化され、老人福祉年金も大幅に引き上げられた。このように社会保障制度の大拡充が行なわれたので、73年は「福祉元年」と呼ばれた。社会保障関係費は、これを境に急激な膨張を始めることとなった。その傾向は、現在に至るまで変わらない。そして将来を見通しても、これから逃れる方法はない。

大拡張の背景には、70年代初めの空前の好況があった。名目経済成長率は、72年が14・5％、73年は実に21・8％に及んだ。国の財政は65年度に国債を発行したが、経済成長による税収増で減額されてきた。つまり、財政にも問題がなかった。そうした状況で税収が一挙に増えたのだ。国税収入の伸びは、72年度に23・2％、73年度にはなんと35・1％に及んだ。こうした状況下で「開闢以来」のバラマキが行なわれたのである。

ところで、日本の社会保障制度は、戦時経済の産物である。軍人や官僚に対しては明治期に創設された恩給制度があったが、民間企業の従業員に対する公的年金制度は、39年の船員保険と42年の労働者年金保険制度によって始まった。労働者年金は、44年に厚生年金保険となった。戦後の61年に国民年金が発足し、国民皆年金制度が実現した。健康保険では、被用者を対象とする健康保険制度が22年に、国民健康保険制度が38年に確立した。

このように制度そのものは存在していたが、財政に大きな負担をかけるものではなかった。一つには、日本の人口構造において高齢者の比率が低かったためである。また、年金制度が未成熟で年金受給者が少なかった影響も大きい。社会保障による財政圧迫が意識されるようになったのは、だいぶあとになってからのことだ。

めちゃくちゃ大減税

このときに、もう一つのバラマキ施策が行なわれた。それは、所得税の大減税である。この背景には、サラリーマン税制に対する不満の強まりがあった。経費の実額控除ができないのは憲法違反であるとする訴訟（「大島訴訟」）が、66年に提起されていた。70年には、必要経費を自主的に申告する運動を総評が開始した。74年に参議院議員選挙を控えていた田中角栄首相は、サラリーマンの不満をかわすために、給与所得控除を大拡充したのである。

給与150万円まで20％だった給与所得控除が、一挙に40％に引き上げられた。その結果、標準世帯の課税最低限は115万円から170万円に引き上げられた。所得税の負担軽減率は、年収300万円で55%、200万円では実に75%にも及んだ。

これによる減収額は、平年ベースで1兆7270億円である（丸めて、「2兆円減税」と呼ばれた）。減税がない場合の74年度の所得税収見込みは6・2兆円だから、「めちゃくちゃな減税」と言わざるをえない。

この大減税が決定されたのは、73年10月である。しかし、それとほぼ同時に、後述する石油ショックが発生した。74年度予算編成作業は大混乱に陥り、超緊縮財政への急激な方向転換がはかられた。しかし、大減税だけは、田中首相の強い意向によって、止めることができなかったのである。

社会保障制度も給与所得控除も、その後の財政構造に大きな後遺症を残した。現在に至るまで、財政問題の基本は、この二つで規定されている。「財政再建」と言われるが、この二つが残る限り不可能なことだ。財政を長期に束縛する制度がバラマキとして実施されたのは、日本にとって大きな悲劇であった。

衆議院予算委員会での田中角栄

田中角栄の大蔵支配？

ちょうどこの頃、大蔵省の高木文雄主税局長と橋口収主計局長の次官争いが衆目を集めていた。

これは、田中角栄と福田赳夫の代理戦争と言われた。

それまでも大蔵省に池田色や福田色が濃いと言われた人はいたが、次官人事でこのような事態になったのは、はじめてのことだ。

結果的には高木が次官に就任。橋口は国土庁次官に飛ばされた。主税局長から次官になった人は、それまでも池田勇人や平田敬一郎などがいて珍しくないが、主計局長で次官にならなかった人は、福田を除いてはいなかった。これは、きわめて異例の人事である。

田中支配と言われる現象は、間違いなく存在した。もっとも、コントロールの手段は、金銭ではなく人事である。次官争い騒動は、大蔵省の人々に大きな影響を与えた。ただし、それは、彼らが田中支配に屈したということではない。私の見るところでは、むしろ政治家から距離をおき、政治的中立性を堅持しようとする人が増えた。

私はこの当時、主計局調査課の課長補佐で、中期財政計画を考えていた。それ以前にも、ケネディ政権が導入した新しい予算編成方式であるＰＰＢＳ（Planning-Programming-Budgeting System）に関心を持ち、建設省に出向中に機構設置を予算要求したりしていたので、この仕事はやりがいのあるものだった。

一時的に増加した税収によって財政規律が緩み、社会保障のような制度を拡張してしまうのは、後年度に財政負担を残して危険だという問題意識は、主計局の中に強かったのである。財政計画の策定は、長岡實主計局次長の強い念願だった。しかし、現在に至るまで、これは実現されていない。

世の中では、「くたばれＧＮＰ」が流行語になっていた。このまま推移すれば、日本は戦時経済から脱却し、戦前のような自由主義経済に移行していただろう。しかし、突然の出来事がすべてを吹き飛ばした。それが、石油ショックだ。それは、好景気に浮かれていた人々の頭上に突然雷が落ちたようなものであった。

第5章　石油ショック

1 突然のショックが日本を襲う

原油価格が4倍に上昇

石油ショックの暫く後に、私はイランの上空を飛んだことがある（ペルシャ湾沿岸のバンダルシャプールに三井グループが建設中の石油化学プロジェクトを見学に行ったのである）。眼下にどこまでも広がるイランの大地を眺め、そして油田がないために原油確保に汲々とする日本を思い、「こんなところに膨大な原油を埋めるとは、神様もずいぶん不公平だ」と思った。面会したイラン政府の役人たちが誰も傲慢で不愉快だったので、余計にその思いが強かった。

しかし、よくよく考えてみると、このあたりは、神様の原産地のようなところだ。イスラム教であれユダヤ教であれ、そしてキリスト教であれ、すべてこの近くで生まれたのだから、神様が原油の埋蔵地を決めたとすれば、この辺りになるのは当然とも言える。

その神様をめぐる争いがもとで追い出されたユダヤ人が、戦後カナンの地に戻ってイスラエルを建国し、そこに住んでいたパレスチナ人を追い出した。こうして、果てることのない中東戦争が起こった。

1973年10月6日に勃発した第4次中東戦争は、イスラエルでは「ヨム・キプール戦争」と呼ばれる。エジプト・シリア連合軍は、奇襲攻撃によってシナイ半島とゴラン高原を制圧。しかし、イスラエル軍は4日後に反撃に転じ、数日後にはダマスカスとカイロの近くに迫った。

この事態に対し、アラブ産油国は、原油を戦争の手段に使うことにしたのである。16日、アラブ産油国は、イスラエル支援国への原油禁輸と原油公示価格の21％引上げを発表した。「戦争は別の手段による政治の継続である」とは、『戦争論』の有名な言葉だが、クラウゼヴィッツがこの事態を見たら、「独占する天然資源の禁輸は戦争の継続である」と言ったに違いない。こうして、イスラエルとアラブの争いに直接かかわりのなかった日本も、巻き込まれることとなった。

原油価格は最高で4倍に上昇した。言うまでもないが、石油は産業活動に不可欠の最も基礎的な物資である。その価格がこのように急激に上昇するとは、誰も予想していなかった。したがって、価格急騰に対して何の準備もなく、世界中が大混乱に陥ったのである。

日本は、輸入原油、なかでも中東原油に依存する比率が高かったので、影響は大きかった。ガソリンのみならず、さまざまな物資の価格が、連鎖的に、あるいは便乗で急騰した。それまでも需要の拡大でインフレ気味だったところに、供給面からのコストプッシュ要因が働いたので、まさに火に油をそそぐ事態となった。74年の消費者物価上昇率は、実に23％になった。

福田蔵相登場

これに対処するため、まず金融引締めが行なわれ、公定歩合は73年12月には9％という未曾有の水準まで引き上げられた。金融のつぎに必要なのは、財政面からの引締めである。しかし、財政は金融政策ほど機動的に動けない。

それに、石油ショックが勃発したタイミングは、最悪だった。積極予算と大減税が決定されたのと、ほぼ同時だったのである。そのうえ、予算編成さ中の11月末に、愛知揆一蔵相が急逝した。

田中首相は、急遽、福田赳夫に蔵相就任を要請した。福田は言った。

「よろしい。国家火急のときである。引き受けよう。ただし、条件がある。日本列島改造論を捨てたまえ」

こうして、積極財政として編成されていた74年度予算は、急旋回して総需要抑制に転じた。予算の中で比較的弾力的に動かせるのは公共事業関係費なので、これが圧縮された。田中角栄の「日本列島改造論」は、完全に吹き飛んだ。しかし、社会保障予算は制度を拡張した直後だったので、縮減することができなかった。また、大減税も、田中首相の意向で取り下げられなかった。

福田の命名能力はこのときもいかんなく発揮され、「狂乱物価」という呼び方が広がった。世の中では、トイレットペーパーの買占め騒動が起きた。こんなものを買占めたところで何の役にも立たないのだが、パニックに陥ったときの人々の心理とは、こうしたものなのだろう。

トイレットペーパーに殺到する客。港区南青山にて（1973年11月）

エレベータを止めたり、電灯を暗くしたりして、電力消費を抑制しようとした。テレビの深夜放送も取りやめられた。もちろん、そんなことでエネルギーの消費が減るはずはない。薄暗い廊下や階段をトボトボと歩きながら、誰の気持ちもますます沈んだ。

狂乱物価に追われる

私の仕事も、財政の中期計画どころではなくなり、連日連夜、大臣の国会答弁の作成に追われた。これについては、説明が必要だろう。

国会の委員会での質疑のため、質問する議員のところに文書課の担当者が前日に出向いて質問を聞いてくる。それに対して関係課が答弁を作成する。質問内容が分かるのは夜中になってからなので、それまで待機していて、真夜中から仕事を始める。大蔵省（とくに主計局）は、他省庁の答弁もチェックする（予算措置を約束する答弁をさせないためである）。それは、担当省庁が答弁を作成してからのことだから、さらに遅くなる。

答弁を作成するのは課長補佐の仕事だが、最終的には局長や次長のＯＫが必要になる。彼らは夜は外出していることが多いので、帰るまで待つ。国会会期中に霞ヶ関の官庁ビルが明かりで煌々としているのは、こうした事情のためだ。ただし、その間ずっと仕事をしているわけではなく、ほとんどは待ち時間なのである。

インフレが激しくなってくると、調査課が担当する質問が多くなる。といっても、有効な手立てなどあるはずがないから、その場を凌ぐだけの答弁になる。質問するほうも「バカらしい」と思っているのだろうが、深夜までかかって内容のない答弁書を作成するほうも、「バカらしい」と思っている。国会審議の実態は、こうしたものなのである。

余談であるが、大蔵省のエネルギーが何に注がれているかを、ここで述べよう。「予算書」というものを見た人は少ないと思うが、3分冊の大部の印刷物だ。これは、「対数表のつぎに誤植が少ない書籍」と言われている。誤植があると、予算委員会で、「誤字がある予算書で審議ができるか。刷り直すまで審議に応じない」ということになるからだ。「8の数字が上下逆転している」という理由で予算審議がストップしたこともある。そこで、誤植を根絶するため、信じられぬほど綿密な校正作業がなされる。

対数表は一度作ればいつまでも使えるが、予算書は毎年作る。しかも、分量が桁違いに多い。幸い私はこの作業にはかかわらなかったが、有能な人間が8の上下逆転刷り発見に神経をすり減らすのは、ブラックユーモア以外のなにものでもない。

国会質疑の答弁作成といい、予算書の校正といい、人的資源のなんたる無駄使いであろう。国家存亡の危機に際して、官僚組織のエネルギーは、こうした方向に向けられるのである（山本七平の著作を読むと、第2次大戦中の日本陸軍も同じ状況であることが分かり、慄然とする）。

日本はもうだめになってしまうのではないか。こうした日本人の心を捉えて、『ノストラダムスの大予言』がまことしやかに喧伝された。そして、小松左京『日本沈没』が空前のベストセラーになった。

2　戦時経済体制を強化した石油ショック

産油国に翻弄された世界

石油ショックが世界をどう変えたか。それは経済統計のデータを見ると明らかなのだが、私は自分の目で確かめる機会も何度かあった。

この頃のロンドンは、中心街の目抜き通りでも、閉まっているオフィスが多かった。アラビア語の看板が目立ち、実に奇妙な感じだった。

地方都市に行くと、もっとひどい。大英帝国時代に建てられた石造りの豪華な市役所が、町の中心に鎮座している。しかし、町に人通りはなく、塵が舞うばかり。私の友人のあるイギリス人が、「イギリス全土が大英博物館になってしまった」と嘆いていたが、そのとおりだった。

他方、アラブ産油国はオイルマネーに沸いていた。この頃、アラブ首長国連邦やカタールを訪れたことがあるが、砂漠のまっただなか、それまで何もなかったところに、忽然として超近代的な都市が建設され、宮殿とまごう竣工直後の建物が、蜃気楼のごとく立ち並んでいた。ついこの間まで砂漠のテントにいた人々が、そこに住むのだそうだ。それは、まるでアラビアンナイトの夢の世界だった。

ついでに言うと、航空運賃の急上昇のため、国際線の飛行機は、がら空きになった。エコノミーでも数人分の席を独占できて、ファーストクラスの気分を味わった。

このように、１９７０年代は、アラブ産油国に世界が翻弄された時代だった。79年には、イラン革命をきっかけとして2度目の石油ショックが勃発。原油価格は、78年の１バレル12ドル台から80年の40ドル近辺へと上昇した。第１次ショック前と比べると、実に20倍だ。

戦後の世界で、日本を含めた先進国は、安価な原油の安定的な供給を基礎に、経済成長を謳歌してきた。2度にわたる石油ショックは、こうした経済構造を根底から揺がしたのである。

63〜73年の11年間に年平均５・０％だったＯＥＣＤ加盟国の実質成長率は、74〜79年の５年間には３・１％に低下した。失業率は、第１次石油ショック前の平均３・０％から以後の４・９％に高まり、消費者物価上昇率は４・５％から10・０％へと悪化した。それまでの経済では、「物価が上がれば失業が減る」という関係があったのだが、石油ショック後には、「物価も上がるし失業も増える」という状態になってしまった。これは、「スタグネーション（停滞）とインフレーションが共存する」という意味で、「スタグフレーション」と呼ばれた。

南米やアフリカの非産油発展途上国は、石油輸入コストの急上昇によって債務返済が遅延し、国際金融問題を引き起こした。他方で、産油国が原油の輸出で得たドルは、オイルマネーとして世界金融市場での存在感を強めた。石油輸出国は、政治・経済の両面で、先進国を圧倒する力を持つこととなった。

日本はうまく対応できた

先進国は、中東原油への過度の依存を反省させられた。そこで、中東以外での油田開発が行なわれ、原子力などの代替エネルギーの導入や、省エネルギー技術の開発が進められた。さらに、石油備蓄体制も強化された。73年には日本の1次エネルギーの77%を原油が供給していたのだが、この比率は現在では50・6%にまで下がっている。石油を代替したのは、主として天然ガスと原子力である。

こうして、時間はかかったものの、世界経済は石油ショックから徐々に回復していった。ただし、その程度は、国によって差があった。

多くの欧米諸国では、経済停滞が長引いた。とくにひどかったのが、アメリカとイギリスである。これに対して日本は、比較的早く石油ショックの影響を抜け出した。この間の事情を説明しよう。

イギリスやイタリアでは、経常収支の赤字が定着し、為替レートが減価した。本来であれば、これにより国際競争力が回復し、経常収支赤字は縮小するはずだ。しかし、為替レートの変化が輸出や輸入の数量に効果を及ぼすのには、時間がかかる（これを「Jカーブ効果」と呼ぶ）。それより早く、為替レートの減価が輸入物価を引上げ、それによって国内インフレが亢進する。これが賃金を押し上げ、為替レート減価による国際競争力強化分を打ち消してしまうのである。こうして、イタリアやイギリスでは通貨に対する信認が失われ、76年にはリラ危機・ポンド危機が発生した。

　これに対して、日本では、賃金上昇圧力が低かったので、輸出が増大し、経常収支黒字が拡大した。これにより為替レートが増価し、輸入インフレを軽減できた。このため、国内インフレが抑制され、好循環を実現できた。輸出増大によって、不況も克服された。

　日本車の輸出増加は、とくに注目に値する。アメリカ製の車は小型化を進めなかったので、ガソリン消費量が従来と変わらなかった。それに対して小型の日本車はガソリンを節約できる。このため日本車に対する需要が増えた。こうして、その後の自動車大国への足がかりが築かれたのである。80年代になって日本車のアメリカ進出はさらに拡大した。

戦時体制が優位性を発揮する

　以上の簡単な説明からも、石油ショックへの対応において、賃金決定のメカニズムが決定的な重要性を持っていることが分かる。

　欧米諸国では、物価スライド条項を含む賃金協定が普及していたので、インフレが亢進すると賃金が上昇する。したがって、不況であるにもかかわらず賃金が上がる。これがスタグフレーションに他ならない。

　これに対処するため、ヨーロッパ（とくにイギリス）では、「所得政策」の導入が論議された。これは、政府が賃金などの所得の上昇率を統制して、生産性上昇の範囲内に抑えようとするものだ。しかし、これは統制であるから、自由主義経済では実現は難しい。

ところが日本では、これが自然発生的に実現できた。労働組合が企業ごとに作られており、企業別賃金交渉を基礎にして賃金を決めるという仕組みが定着していたこと、そして、「集団で助け合う」という考えが自然に受け入れられたことによる。

インフレにあわせて過大な賃上げを要求すると、会社が沈んでしまう。だから、労働組合は経営者と一体となり、賃上げよりも会社の存続を優先した。こうした「経済整合性路線」が、鉄鋼労連など金属労協（IMF・JC）を中心として形成され、第1次石油ショック直後の実質賃金重視の方針から早期に転換し、賃上げを自制するようになった。

さらに、労働組合が強いと、配置転換に対する反対が強く、労働の流動性が阻害される。経済の構造変化に対して労働力を弾力的に移動させることが求められるのに、それが実現しない。労働組合が強いイギリスは、とくにこの問題に悩まされた。しかし、日本では、企業内での配置転換は比較的容易に行なえた。

こうして、石油ショックへの対応において、日本は世界でもっとも優れた成果をあげた。これは、企業別労働組合と企業一家主義という、戦時体制的企業構造がもたらしたものだ。石油ショックはある意味での戦争なのだから、戦時システムがうまく機能したのは、当然といえば当然である。

しかし、この経験から「日本型経済システムはどんな場合にも優れたものだ」という考えが、日本人の間にひろがった。石油ショックは、戦時体制を温存させたばかりでなく、強化する結果となったのである。

3　石油ショックがなかったなら？

歴史には必然のコースがあるのか？

ニコール・キッドマン主演の映画「奥さまは魔女」は、面白いストーリー展開をする。主人公の魔女イザベルは、あるきっかけでテレビに出演することになった。ところが相手役が自分のことを気にかけてくれない。彼の心を捉えようと魔法の力で惚れ薬を作ったが、効きすぎてしまった。そこで、ビデオテープの「巻き戻し」よろしく時間を後戻りさせて媚薬以前の世界に戻し、魔法に頼らず自力で彼を獲得する。

なんで唐突にこんな話を持ち出したのかといえば、「歴史には、必然的に決まる唯一のコースがあるのか？」という問題を考えたいからだ。媚薬を作ったときと作らなかったときでは、イザベルの住む世界は違うものになっている。これは、SFで言う「パラレルワールド」（並存する世界）だ（SFだけでなく、現代物理学でパラレルワールドが示唆されることもある）。われわれが実際に生活している世界とは別の歴史展開をした世界が、どこかにある。もちろん、パラレルワールドに行くことはできないし、それを覗き見ることもできない。しかし、「そうした世界がどこかにある」と考えてみると、楽しい気持ちにならないだろうか？

専門の史家が書く歴史書には、もちろん、こんな馬鹿げた話は出てこない。「歴史にifはない」

とされているからだ。歴史は一つしかない。違うのは、その解釈だけだ。

しかし私は歴史家ではないので、想像を働かせてみたい。歴史の流れにはいくつかの分岐点があり、可能なコースのいずれかが、偶然の作用で（あるいは、人間の意思で）選択される。そうした選択の繰り返しで実際の歴史が形成されるのだが、分岐点で別のコースを選択した場合には、別の歴史が生じる。別のコースに進展していった世界は、「パラレルワールド」だ。

もっとも、戦後日本史の大部分は、パラレルワールドの存在を否定する「必然の連鎖」に見える。本書でも、「戦時期に形成された経済制度を前提にすると、戦後のさまざまな出来事は、その必然的結果として生じた」と説明してきた。

例えば、戦時立法である食糧管理法が農地解放を可能とし、それが戦後の平等社会を作った。また、戦時金融体制（銀行を中心とする体制）が戦後も生き残り、高度成長を可能とし、閉鎖的な「日本型企業」を作った、等々である。これらは、相互に密接に関連し、からみあっているので、実際に起こった以外の歴史展開がありえたとは考えにくい。分岐点で違う経済政策を取れば少しは違う世界になっていただろうが、歴史の大筋は変わらなかったはずだ。

石油ショックがなければバブルはなかった

しかし、石油ショックはそうではなかった。「中東戦争の結果として生じた」のはそのとおりだが、原油禁輸という手段がどうしても必要だったとは思えない。それに、「国際的カルテルは長続きしない」というのが、経済の常識だ。だから、禁輸を戦争の手段にするというのも、普通の発想ではない。それゆえ、石油ショックは、誰も予想していなかった唐突な出来事だったのである。少なくとも、それまでの歴史の結果として必然的に生じたとは言いがたい。

仮に石油ショックがなかったとすれば、世界の歴史は、大きく異なるものになっていただろう。とくに日本がそうだ。

本書でこれから述べるのは、80年代における日本の国際的拡張とバブル、そしてその崩壊だ。これは、日本が石油ショック克服の優等生になったために戦時経済システムが生き残り、その結果として必然的に生じたものだ。仮に石油ショックがなかったとしたら、こうしたすべては起こらなかった可能性が高い。

石油ショックのないパラレルワールドでは、戦時経済システムは徐々に変質し、より自由主義的な経済が実現されていたことだろう。戦時金融システムの中核である長期信用銀行は徐々に機能を変化させ、直接金融にソフトランディングしていただろう。実際、72年に私がアメリカから帰国したときに驚いたことの一つは、第4章の**2**で述べたように、時価発行増資の増加だった。そのまま進めば、アメリカ型の金融市場が実現していた可能性がある。

それは、必然的に日本企業の性格を変えただろう。実際、石油ショック直前に広まった「くたばれGNP」は、大企業に対する批判だったのである。日本は、もっと国際的に開かれた社会になったろう。そして、日本人は、「日本型経済システム」について自信過剰に陥ることはなかったろう。日本車がアメリカを席捲することもなく、産業構造がいまほど製造業に偏ることもなかったろう。

バブルがなかったとすれば、その崩壊に伴う経済の混乱もなかった。私の近くにいた多くの人の運命は、バブル崩壊の過程で大きく狂わされた。石油ショックがなかったパラレルワールドで、彼らの人生はどうなっていたのだろうか。

「歴史主義」は正しいか？

ところで、以上で述べた「歴史の必然性」は、「歴史において個人の自由意志はどれほどの意味をもっているのか」という問題とも密接にかかわっている。(1)

トルストイは、『戦争と平和』の中で、歴史の必然性を強く主張した。戦争の帰趨を決めたのは、ナポレオンやクトゥーゾフなど英雄たちの判断や指揮ではなく、諸民族を動かす歴史的な力である。「歴史においては、(中略) 事件を起こした人々の自由なるものは疑わしく、逆に必然律がはっきり浮かび上がってくる」とトルストイは言う。(2)

日本の戦後を見ても、「歴史主義」が正しいと思える場合が多い。例えば、池田勇人の病気が治らず、大蔵省を退職したまま失意の人生を送ったとしよう。その場合は別の人が首相になったわけだが、実行した政策は似たようなものだっただろう。そして、高度成長が実現していたことだろう。同じことが他の人についてもいえる。だから、戦後の経済史は、個人名をまったく出さなくとも記述できるのである。

唯一の例外かと思われるのは、田中角栄だ。彼が行なった道路整備特定財源制度の創設と給与所得控除の大拡張は、その後の日本経済に大きな影響を与えた（列島改造論が重要と言われることが多いが、これは政策としては実行されなかった)。

これらは田中角栄という政治的天才がいてはじめて実現したことのように思える。しかし、こうも考えられる。1950年代の日本の道路整備状況を前提にすれば、彼がいなくても、特定財源制度(あるいは類似の制度)は作られていただろう。70年代の初めにサラリーマン税制に対する不満が強まっていたこと、そして参議院選挙を目前にして巨額の税の自然増収が発生したことを考えれば、彼がいなくとも給与所得控除は拡張されていただろう。

しかし、原油禁輸を考え付いた人(それが誰だったのかを私は知らないが)がいなかったなら、石油ショックは起こらなかった可能性が強い。別の人が同じことを考え付き、原油価格は遅かれ早かれ上昇したと考えられなくもないが、実際に生じた石油ショックほどの急激な変化ではなかったろう。そう考えると、「歴史主義」に疑問が生じないわけでもない。とまれかくまれ、これから後の日本経済史は、石油ショックの後遺症として進展する。

(1)「歴史主義」については、第9章の**3**で再び述べる。
(2)マルクス主義の歴史観も、「歴史主義」に支配されている。これに対しては、カール・ポパー『歴史主義の貧困』の批判が有名だ。ただし、ポパーは、トルストイの歴史主義には寛容である。

4 相対化した視点で日本を見る

日本の縦社会を横に動く

1974年に、私は大蔵省から大学に移った（形式上は、文部省への出向）。役所の仕事が嫌になったわけではない。しかし、あまりに時間をとられると思った。私は、自分自身の仕事のための時間が欲しいと思ったのである。

大学に移りたいと申し出たとき、上司であった長岡實主計局次長のアドバイスは、「大学に移るのは賛成だ。ただし、予算査定の主査を1年やれば、経験と視野が広がる。学者になったとき、それは貴重な財産になるだろう。だから、1年間延ばしてはどうか」というものだった。採用の責任者であった高木文雄主税局長も、私の希望を理解してくれた。

採用責任者や上司は、部下が組織を離れることを普通は嫌がるものだ。責任を問われるからである。しかし、私の場合、そうしたことは一切なかった。私は上司に恵まれたと思う。

一般には、大蔵官僚の思考は硬直的だと考えられている。しかし、私の上司たちは柔軟だった。私の印象では、硬直的な考えを持っている人は、むしろ大学に多い。また、建前と本音の乖離が大学では当たり前であることにも、違和感を覚えた。

私は日本の縦社会を横に動いたので、「イソップ寓話のコウモリ」の悲劇を存分に味わわされた。学者のグループからは「どうせ大蔵省の代弁者だろう」と色眼鏡で見られる半面で、大蔵省の人たちには「野口は勝手なことばかりを言う」と非難される。どの縦社会にも属していない居心地の悪さと、どの組織にも頼れない不安を、何度となく実感させられた。

その半面で、縦社会のおきてに束縛されない生活を送れたのも事実である。学者は自由人だと思っている人が多いかもしれないが、私の見るところ、役所や会社より「親分・子分」の関係が強い。業績よりも親分の力で就職することが少なくないが、そうなると、いつになっても親分に頭が上がらない。役所や会社の上司は数年で代わるが、日本の学者の親分・子分関係は、死ぬまで続く。しかし、私はそうした個人的隷属関係から自由でいられた。つまり、縦社会に属さないことのメリットもデメリットも経験したわけだ。

生活軽視国・日本

1970年代後半から80年代にかけて、外国の研究者（主としてアメリカの経済学者や政治学者）と共同研究プロジェクトを行なうことが多かった。日本の経済力が向上して、日本経済に対する関心が高まったためでもある。こうしたプロジェクトを日本側でファイナンスすることも可能になった。

研究会だけでなく、大学や経済団体などで講演する機会も何度かあった。講演のあとで、「日本に投資したいのだが、アドバイスがほしい」と言われたこともある。こうした経験を通じて、私は、日本を相対的に見ることができたと思う。

この時代、英米経済はどん底にあった。アメリカは、ベトナム戦争と石油ショックの後遺症で、深刻なスタグフレーションに陥っていた。ウォーターゲート事件による政治不信も強かった。

アメリカのある地方都市で講演したとき、引退したGM副社長が世話役で、空港まで私を送ってくれることになっていたのだが、車のエンジンがスタートしない。「昔のキャデラックではこんなことはなかった」と悔しそうな顔をしていた。多くのアメリカ人が、「子供たちの世代は、われわれと同じように豊かな生活を享受できるだろうか」と真剣に悩んでいた。

イギリスの状態は、もっとひどかった。円が強くなる半面で、ポンドの価値は際限もなく下落した。このため、ロンドンのクラリッジズのような高級ホテルに泊まることができた。つい暫く前まで、別世界と思っていたところだ。貧乏留学生だった頃には想像もできなかったほど、日本の経済力が向上したわけだ。

ただし、アメリカの都市が荒廃した時も、住宅地は豊かだった。留学生として最初にロサンゼルスの高級住宅街を見たときのような衝撃はなくなったけれども、「生活環境の豊かさではとてもかなわない」という思いは変わらなかった。イギリスでも、ロンドンを初めとする都市は荒廃していたが、田園地帯はため息が出るほど美しかった。こうした風景を見れば、「日本が美しい国だ」とは恥ずかしくて言えなくなるだろう。

日本人の海外旅行者は増えたが、欧米社会の豊かな側面を見ている人は、思いのほか少ない。日本人旅行者は若い女性が圧倒的に多く、観光地中心だ。社会の中核にいる働き盛りの人たちが外国旅行することは少ない。仮にしても、会社の出張旅行だから、大都市がほとんどで、住宅地の豊かさを見る機会がない。「日本人の見る外国は偏っている」とは、司馬遼太郎の『街道をゆく』の海外編を読んだときも痛感したことだ（司馬は、とくにアメリカでは、大都市の衰退振りのみを見て、その一歩外にある郊外の豊かさを見ていない）。

日本の生活が貧しいと実感できないことは、経済政策にも反映する。円高は日本人の労働の価値が高まることを意味するのだから歓迎すべきなのに、国難だとする論調が一般的になる。輸出産業の観点からしか、為替レートを見ることができないのだ。そして金融緩和を求める。企業優先・生産活動優先は、いまに至るも変わらぬ日本の経済政策のバイアスだ。

日本は特殊か？

日本のプレゼンス増大を反映して、アメリカの大学における日本研究も盛んになった。それまでは中国研究の付属物としてしか扱われていなかった日本が、独立の研究対象として認められるようになった。

外国の学者たちとの共同研究のテーマはさまざまな分野に及んだが、つねに底流にあった問題意識は、「日本の経済システムは特殊か」ということだ。

この背景には、貿易摩擦がある。70年代の繊維にはじまり、鉄鋼、自動車などさまざまな分野で摩擦が発生した。これに対してアメリカでは、「日本は特異な経済システムによってアメリカを侵略し、労働者の職を奪っている。その半面で日本の国内市場を開放していない。日本は不公正な競争をしている。ノトリアスＭＩＴＩ（悪名高い通産省）が日本株式会社をコントロールしている」という意見が強かった。

こうした見解の多くは、誤解である。通産省が外貨割り当て権を持っていた頃のイメージにとらわれているのだ。また、チャーマーズ・ジョンソン『通産省と日本の奇跡』の影響も、大きかった。

しかし、誤解だけとも言えない側面もある。第1に、金融が鎖国状態にあったことは間違いない。そして、大蔵省の強いコントロール下にあった。「ノトリアスなのはMITIでなくMOF（大蔵省）だ」ということが、徐々に理解されるようになった。第2に、日本の企業が特殊であるのも事実だ。閉鎖的で、利益を無視して量的拡大だけを追求する。

「日本が特殊だ」というイメージは、日本人旅行者によっても増幅されている。強い円を背景にカネを使ってくれるのはいいが、店に現われても、店員と何も話さずに、買い物をするだけ。現地の社会から完全に遊離しているから、「エコノミックアニマル」として違和感をもたれても、止むを得ないことだ。

1977年に、私は榊原英資氏と共著で、「大蔵省・日銀王朝の分析―総力戦経済体制の終焉」を雑誌『中央公論』に書いた。これは、日本の経済体制が戦時体制であることを指摘したもので、本書の基本になっている考えを述べたものだ。

第6章　バブル

1 バブル時代が始まる

オランダのチューリップ・バブル

チューリップの球根がどんどん値上がりして、とうとう馬2頭付きの馬車1台と同じ値段になってしまった！　もっと高価な球根も、つぎつぎに現われた。

これは、誰がどう考えても「おかしな」事態だ。しかし、そのおかしなことが、17世紀のオランダで実際に生じたのである。当時のオランダは、アジア進出をはたし、スペインやポルトガルに代わる世界大国への道を着々と歩んでいた。

チューリップは中東原産で、暫く前にヨーロッパに紹介されていた。品種改良によってあでやかな新種の花がいくつも登場した。だから人々の人気が高まり、値段があがった。ここまでは理解できる。

しかし、ある時点から、球根の先物取引が行なわれるようになり、投機化した。つまり、花をめでるためにチューリップを求めるのではなく、値上がり益を求めての取引が行なわれるようになった。こうなると、球根の価格は、花の価値からは乖離する。そして「投機が投機を呼び、値上がりが値上がりを呼ぶ」という、際限のない価格上昇が生じる。そのような投機的取引が、オランダのあらゆる町で行なわれた。

これは、人類が初めて経験した大規模な「バブル」である。生真面目で堅実な人が多いオランダで、それが生じたというのは、驚きだ。

チューリップ・バブルは、ある日突然崩壊した。その日付まで正確に分かっているというのに、価格下落の原因は、いまもって分からない。「憑かれたように踊り狂っていた人々が、突然正気に戻った」としか言いようのない現象だ。

そもそも、なぜチューリップでバブルが起きたのかも分からない。アムステルダムには世界最初の証券取引所があったにもかかわらず、金融資産ではなく、チューリップが投機の対象にされたのである。

値上がり益だけを目当てとする取引だったため、市場はパニックに陥り、借金で投機していた人々が多数破産した。この事態は、新興国であったオランダの経済に大きな打撃を与えた。

ニュートンも投機をした

1720年ごろには、イギリスでバブル事件が発生した。このときの投機対象は、株式である。「南海会社」(South

都心の一等地が地上げ屋に買い占められる(1987年)

Sea Company）という会社が、奴隷取引権やスペイン植民地との通商特権などの権益を一手に独占したため、株価が急騰した。

これに刺激されて、「有望な新しい事業」を始めるという触れ込みで、さまざまのいかがわしい株式会社が「泡のように」設立された。(1) 例えば、「子供たちの運勢を強める会社」「召使による損失を保険する会社」「鉛から銀を抽出する会社」、そして「それが何であるかは誰も知らないが、偉大な利益になる企てを行なう会社」等々である。

「政治家は政治を忘れ、弁護士は法廷を忘れ、貿易商は取引を忘れ、医者は患者を忘れ、商店主は店を忘れ、そして聖職者は説教台を忘れた」

こうして、イギリスのあらゆる階層の人々が、株式投機に狂奔したのである。その中には、ニュートンも含まれていた。物理学の父、近代科学の創始者である偉大なアイザック・ニュートンが、投機に手を出し、そして失敗した。

ここにバブルの魔力を見ることができる。部外者が見れば、あるいは後になってから省みれば、馬鹿馬鹿しい限りの投機騒ぎなのだが、渦中にいる人には、それが分からない。人間はなんと欲深く、なんと愚かな存在なのだろう。この失敗に懲りたイギリスでは、その後1世紀以上にわたって、株式会社の設立が禁止されることとなった。これは、イギリスの経済発展に深刻な障害になったと言われている。

歴史上のバブルは、これだけではない。20世紀の例としては、１９２０年代アメリカでのバブルがあげられる。このときの投機対象は、フロリダの保養地であった。

地価はわずか2週間で倍になった。海岸から20キロ以上離れた土地が「海辺」として売り出された。アメリカ全土から土地を求める人々が押し寄せたので、ひどい交通渋滞が生じた。そのため、「路上で土地売買を行なったり、地図を広げたりすることを禁止する規則」が制定された。

この場合も、投機が投機を呼ぶ現象が生じたのである。そして、ある日、突然崩壊した。アメリカ経済は、この後、30年代の深刻な不況に悩むことになる。

新興国にバブルが起こる

このように、国を挙げて人々が投機に狂奔するという事態が、歴史上いくつも起こった。これらには、共通点がある。いずれも、その当時の経済的新興国に生じたことだ。スペイン、ポルトガルに代わってヨーロッパの覇権を握ろうとしていたイギリス、オランダ然り。そして、イギリスを抜いて世界経済の中心になろうとしていたアメリカ然り。

他国を追い越して経済的な地位が高まると、それが際限もなく続くという期待が膨らむ。将来、世界の中心になるのであれば、いま投資して、未来における座席を確保しておこう。バスに乗り遅れてはならない。こうして、人々は、血眼になって投資の機会を探し求める。欲にくらんだ人々の目には、将来に果実をもたらす堅実な投資と、値上がり期待だけに支えられた根拠のない投機との区別がつかなくなる。

1980年代の日本も、似た状態にあった。石油ショックによって欧米諸国の経済が見る影もなく沈滞するなかで、日本の経済力は日増しに増大した（少なくとも、そのように見えた）。

日本こそが未来の世界経済の中心になるだろう。なぜなら、「日本型経済システム」は、欧米諸国のそれより優れているからだ。

日本の企業では、経営陣と労働組合が対立しない。だから、労使紛争に明け暮れるイギリスでは望み得ない高成長が実現できる。そして、日本の経営者は、日々の株価に一喜一憂しなくともよい。だから、長期的な視点に立った経営ができる。株価から目が離せぬアメリカの企業が短期的業績だけを追い求めるのとは、わけが違う。このような考えが、日本の経済学者、経営学者によって主張された。海外の学者も、そうした意見に耳を傾けざるをえなくなった。

東京がアジアの金融中心地になるとも言われた。東京にオフィスを持とうとする企業が世界中から殺到するだろう。そうなれば、東京の土地の経済的価値はきわめて高くなる。だから、地価がいくらあがったところで当然だ。

1983年頃に、東京都心で土地の買占めが始まった（「地上げ」という言葉が、この頃から言われるようになった）。虎ノ門周辺で、それまでの常識では考えられぬ高値での土地売買が成立した。それが、次第に広がっていった。

そして、88年には、政府の「国土利用白書」が、「東京圏を中心とする地価上昇は実需による」との見解を示した。つまり、地価上昇は必然的なものであるとのお墨付きを政府が与えたことになる。

これから述べるように、80年代に起こったバブル騒動は、実は戦時経済システムの最後のあがきだったのである。しかし、それに気づく人はいなかった。そんなことより、投機競争に遅れを取らないことが重要だ。こうして、国を挙げての大狂騒劇が繰り広げられることとなった。

（1）Mackey, Charles, *Extraordinary Popular Delusions and the Madness of Crowds*, The Noonday Press, 1932.

2 土地バブル

東京都を売ればアメリカ全土を買える

サンフランシスコから南に車で2時間くらいのところに、カーメル・バイ・ザ・シーという海辺の保養地がある。おとぎ話に出てくるような美しい町だ。芸術家が集まって作った町で、古くからのハネムーンスポットでもある。クリント・イーストウッドが市長をしていたこともある。1969年に初めてここを訪れたとき、夢のような町だと思った。日本人の姿は、どこにもなかった。

1990年、ここにあるペブル・ビーチという名門ゴルフコースと豪華なホテルを、日本の不動産会社コスモワールドが8億3100万ドルで買収した。

このとき日本のバブルはすでに頂点に達していたから、ペブル・ビーチを日本企業が買い占めたとしても、不思議はない。実際、日本企業による海外の不動産買収は、それより前から進んでいたのである。

86年には、第一不動産がニューヨークのティファニービルを1平方フィートあたり959ドルという記録的な価格で買った。89年には、三菱地所がロックフェラーセンターを買収した。ハワイではホテルを、カリフォルニアではビルやショッピングセンターを買い占めた。アメリカの不動産に対する日本の投資は、85年には19億ドルだったが、88年には165億ドルになった。オーストラリアでも「ジャパンマネー」が土地を買いあさった。

こうした事例の後だから、多くの日本人は、ペブル・ビーチの買占めを知っても、驚かなかったろう。私がこのニュースに強い違和感を覚えたのは、最初に訪れたときの印象とどうしても結びつかなかったからだ。

アメリカ合衆国の国土面積は、日本の約25倍ある。しかし、89年末で日本の土地資産は約2000兆円になり、アメリカの土地価値（約500兆円）の4倍になった。東京都を売ればアメリカ全土を買える計算だ。皇居だけでカナダを全部買えるとも言われた。

外国の土地を買ったのは、企業だけではない。私のある友人は、東京のワンルームマンション（ビルではなく、一部屋である）を売って、ニューヨーク州の北部に数万坪の土地を買った。その地所には、すばらしい湖もあるのだそうだ。

いかにアメリカの経済が不調だったとはいえ、以上のすべては、「いくらなんでもおかしな事態」である。チューリップの球根が馬車と同じ値になったのよりもおかしい。

2年半で10倍になった地価

日本国内では、すでに83年頃から、土地狂騒劇が始まっていた。都心の土地が法外な価格で取引され、地方ではゴルフ場開発が進んでいた。「地上げ」、「土地ころがし」などという言葉が聞かれるようになった。

「地上げの帝王」と言われた最上恒産会長の早坂太吉は、新宿区西新宿の土地の価格を、2年半で10倍にした（この取引は、後に国土利用計画法と宅建業法違反で刑事立件された）。

彼は、林真理子『アッコちゃんの時代』に、早川佐吉という名で登場する。東北の貧しい農村に生まれた学歴のない男が、数百億の金を手にした。「一坪なんていったら、オレの田舎じゃ便所の足を踏んばるぐれえのとこだ。それがあっと言う間に三千五百万円だからなあ……」

公示地価の上昇がはっきりしたのは、86年からである。87年1月の公示地価で、東京圏の地価は23・8%上昇した。そして、88年1月には65・3%の上昇率となった。

ただし、経済が成長して土地価格が上昇するのは、自然な現象だ。そこで、土地の価値とGDP（国内総生産）の比較を行なってみよう。

東京都の宅地総価値は、80年代中ごろまではGDPのほぼ半分で推移していた。経済成長とほぼ並行して地価が上昇したわけである。ところが、86年からこの比率が急激に高まり、87年にはGDPの1・5倍になった。つまり、86、87年の2年間だけで、東京都の宅地の価値が、日本全国で生産された経済的価値と同じだけ増加したのだ。

東京都心から60キロ圏で、5億円以上の土地資産保有者が100万人を超えた。他方で、新しく住宅を購入したい人にとっては、地獄になった。東京圏のマンション価格は、90年に年収の10倍を超えた。都心部では20倍近くになった。後者について半分を借入れで購入した場合の利子支払いを計算すると、年利5%として、年収の半分になる。首都圏では、集合住宅でさえ、一般の勤労者には手が届かないものになったのだ。

87年10月、政府は緊急土地対策要綱を決定し、土地取引規制を強化した。しかし、これはかえって土地の品薄感をあおり、地価高騰を加速させる結果になった。「異常な事態が生じれば、規制を強めればよい」という役人の発想をあざ笑うように、地価は上昇を続けたのである。

アメリカで日本の土地問題について講演したとき、聴衆がくすくす笑っている。なんで笑うのかと講演後に聞いてみたら、「土地面積を平方フィートで表現したのがおかしい」と言うのだ。彼らは言った。「土地の面積は、エーカー(約4000平米)で測るものだ」

確かにそうだ。私も、どの単位で表現したらよいのか迷ったのである。しかし、東京の地価をエーカーあたりで表現するのは、あまりに不自然に思えた。

虚の錬金術とリアルな錬金術

冒頭で述べたカーメルについて、もう一つの挿話を紹介しよう[1]。これは、町から少し山あいに入ったカーメル・バレーというところの話だ。ここにもゴルフコースがある。そして、それを囲んで豪壮な新築の家が立ち並んでいる。これはアメリカで流行の高級住宅地の開発方式だ。ゴルフ場のグリーンが庭のようなものだから、広々として気持ちがよい。住宅は高価だ。事業に成功してリタイアした人たちが購入する。

ここに一人の病院の産科医長が住んでおり、半ばリタイアして、好きなゴルフを楽しんでいた。ある日、20代後半と見える若者と一緒にコースを回ることになった。この若者は、ここに2軒の家を、自分用と親戚用に持っていると言う。その日は平日の昼間だったから、仕事をしているようには見えない。ではどうして高価な住宅を2棟も買えたのか？「いったいどんな事業に成功したのだろう？」

好奇心を抑えられずに聞いたところ、若者が言うには、彼はある会社の郵便物の整理係だった。この会社は急成長し、90年にＩＰＯ（株式公開）を行なった。彼は創業当初からの従業員だったので、保有するストック・オプションが莫大な価値となり、その行使で巨万の富を得たと言うのである。

この会社、シスコシステムズはインターネットで用いる「ルーター」を開発し、独占的な地位を占める先端的企業だ。未来のアメリカ経済を担う企業の一つである。

コスモワールドがゴルフコースを買えたのも、この若者が高級住宅を買えたのも、「通常の手段によるのではない」という意味で、「錬金術による」と言ってよい。ただし、この二つには重大な差がある。コスモの錬金術は虚だったが、若者のはリアルだ。それは、シスコの事業がリアルだからである。彼は、いまでも広々としたゴルフ場で人生を満喫し、自分の幸運をかみ締めているだろう。

（1）この話は、ジェフリー・S・ヤング、宮本喜一訳、『シスコの真実——シリコンバレー「超」優良企業の光と影』（日経BP社、2001年）による。拙著『ゴールドラッシュの「超」ビジネスモデル』（新潮社）でも紹介した。

3 「日本の株価が高すぎるという人は頑迷な懐疑論者だ」

「日本に限っては金融市場に重力の法則は働かない」

1988年の末に、野村證券は2ページにわたる広告を世界の新聞・雑誌に大々的に掲載した。「飛びぬけて高い価格を取り上げて、東京は高すぎるとか、市場が不安定だとか言い募る人々は、いまだにプトレマイオスの天動説を信じている人と同じ頑迷な懐疑論者」だから、「知識を深め、コペルニクス的な見方で自らを啓発しなければならない」と、この広告は断じた。

そして、「あなたはコペルニクスですか？　それともプトレマイオスですか？　自己啓発をしようではありませんか」と、全世界に挑戦状をつきつけた。

「日本の株価は、もう成層圏まで行ってしまったのではないか？」という投資家の不安に対して、証券会社の営業マンからは、「日本に限っては金融市場に重力の法則は働かない」という答が返ってきた。

いまのわれわれは知っているが、もちろん、そうはならなかったのである。プリンストン大学教授でファイナンス理論が専門のバートン・マルキールは、『ウォール街のランダム・ウォーカー』の中で、皮肉たっぷりに言う。

「投機家たちにとっては、誠に不幸なことに、ニュートンが一九九〇年に日本にもやってきたのだ」

日本の株価は、ここ数年の上昇にもかかわらず、いまだに89年末の半分にも届かない。野村證券の広告とはまったく逆の事態が起きているのだ。

しかし、この広告が掲載された88年当時、株価は野村が言うとおり上昇を続けていた。83年平均で８８００円であった日経平均株価は、87年10月に2万６６００円になった。そして、89年末の3万８９１５円に向けて上昇を続けていた。「6万円台になる」という予測さえあった。

日本の株式時価総額は、アメリカの1・5倍になり、なんと、世界全体の株式時価総額の45％を占めた。ＮＴＴの時価総額は、ＡＴ&Ｔ、ＩＢＭ、エクソン、ＧＥ、ＧＭをあわせたより大きくなった。野村證券の時価総額は、アメリカの証券会社全体より大きくなった。

個々の銘柄についても、野村が言うとおりの相場が実現された。例えば、86年の円高不況期、造船不況に悩む石川島播磨の株価は、２００円程度だった。しかし、業績は振るわなくとも東京湾沿いに広大な土地を持つことに目をつけた野村證券が、「土地含み益」という概念を発明し、「ウォーターフロント」という造語をキャッチフレーズとして、推奨販売を始めた。無配の株式の株価は、数カ月で６００円を超え、89年の末には１６００円にまで上昇した。

野村の推奨株や注目銘柄は、社内向けの小冊子「ポートフォリオウィークリー」に掲載される。「当たり屋につけ」「自分で考えたら間に合わないから、勝ち馬につくしかない」と考えた他の証券会社は、この小冊子に何が掲載されるかだけを、必死に情報収集した。

ゴルフ場という錬金術

「日本銀行は１万円札までしか刷れない。でも、私は１億円札が刷れるんですよ」

後に逮捕されたバブル紳士、高橋治則元ＥＩＥ社長は、こう豪語した[1]。

会員権販売額の約９割を預託金という形で集め、開発資金とする。だから、手元に金がなくとも開発できる。ＥＩＥが栃木県に開発したロイヤルメドウ・ゴルフクラブの場合、最初に４５０万円で販売した会員権は、最終的には３０００万円にまで値上がりした。したがって、会員は流通市場で会員権を売ることはあっても、預託金返還を求めることはない。

バブルの３紳士（左から齊藤了英、千昌夫、高橋治則）

その上、ゴルフ場と聞けば、銀行は簡単に融資してくれる。だから、開発許可が下りれば直ちに会員権の発売がなされる。ブームが過熱してくると、許可が下りていないゴルフ場計画に融資がなされる場合もあった。こうなると、ゴルフ場開発は、いくらでも儲かる夢の錬金術ということになる。

この時期にゴルフ場開発にかかわった企業としては、EIEやイトマンが有名だが、それだけではない。それまで地道に家業を続けてきた地方の名士も、ゴルフ場開発に乗り出した。85年に1400だった日本のゴルフ場は、十数年間で2400になった。87年の「総合保養地域整備法」がリゾート熱を煽り、開発ラッシュに拍車をかけた。

国内のゴルフ場開発に成功した高橋治則は、海外リゾートの開発に乗り出した。ボーイング727や737を自家用機にして、太平洋を飛び回り、オーストラリアのゴールドコーストを初めとするリゾート開発を行なった。「歌う不動産王」千昌夫は、高橋を師と仰いだ。

91年末のEIEの資産は、6000億円を超えた。EIEグループ全体では、1兆円を超えた。老舗の不動産会社三菱地所の資産1兆7895億円に比肩しうる数字である。

しかし、問題は、その内容だ。借入れ額が6027億円あったのである。したがって、年間の支払い利子額は、約400億円に及んだ。その半面で、売り上げは数十億円しかなかった。つまり、保有資産が永久に値上がりし続けないかぎり維持できない構造なのだ。「砂上の楼閣」とは、まさにこのことだ(なお、最高3000万円で販売されたロイヤルメドウの会員権は、バブル崩壊後、数十万円になった。ちなみに、このゴルフ場は、近くに御料牧場があることから、最初は「御料カントリークラブ」と呼ばれていた。しかし、宮内庁からクレームがついて、英語に直したのだそうだ)。

数分で数百万円儲かる

絵画も投機の対象となった。「銀座の画廊で買って、別の画廊で売る。すると、数分間で数百万円の儲けになる」などと言われた。供給が限られているし、価格が曖昧だから、絵画は投機の対象になりやすい。「絵画は壁にかけた土地だ」と言った人もいる。

87年からの5年間に日本が輸入した美術品は、1兆円を超えた。この当時の取引価格がいかに水増しだったかは、バブル崩壊後、日本長期信用銀行に担保となっていた51点の絵画の例が示す。これらの購入価格は82億円だったが、鑑定評価額は16億円にしかならなかった。

平和相互銀行の不正融資事件では、金屏風担保で40億円の融資がなされたが、その鑑定評価額は最大5億円(一説には8000万円)だった。イトマンに34億円で納められた古代朝鮮の金板経は、写真製版で作られた偽物だった。

大昭和製紙名誉会長の齊藤了英は、ゴッホ「医師ガシェの肖像」とルノワール「ムーラン・ド・ラ・ギャレット」をそれぞれ125億、119億円で購入。「死んだら一緒に棺おけに入れてほしい」と言って、世界中の非難を浴びた。この当時、海外旅行ブームで日本の若い女性がヨーロッパのブランドショップで買いあさり、店員たちの顰蹙を買ったのだが、日本の経営者の買い物も、額は違うが内容は大同小異だったわけだ。

この頃、私はミラノにあるボッコーニ大学で集中講義をしていた。講義がない日、町のアンティークショップを見て歩いた。おばあさんが一人でやっている小さな店で、掘り出し物を見つけるのは楽しいし、値段の駆け引きをするのも楽しい。しかし、あるときから、価格が異常に上昇しているように思った。聞くと、「日本の某デパートが買いあさって、値段を吊り上げている」という。日本のバブルは、ついにここまで及んできたのだ。「アンティークショップ巡りは、ミラノのような大都市では、もうできない」と、思い知らされた。

（1）日経ビジネス編、『真説　バブル――宴はまだ、終わっていない』、日経BP社、2000年。

4 無視された警告

バブルを煽った経済学者たち

1987年、私は雑誌に掲載した論文で、「最近の地価高騰はバブルだ」と指摘した（「バブルで膨らんだ地価」『週刊東洋経済・近代経済学シリーズ』1987年11月）。私の知る限り、この時期の地価高騰を「バブル」という言葉で規定したのは、これが最初である。

しかし、この警告に対しては、経済学者から強い批判が生じた。たとえば、経済学者の集まりである「政策構想フォーラム」は、90年の報告のなかで、「地価上昇は正常なもの」と断じた。このほかにも、「地価高騰は日本経済の成長を反映した合理的なもの」とする意見が、新聞や雑誌に数多く出た。討論会では、私に対して批判が集中した。

私の議論は、「賃貸料から算出した収益還元地価に比べて、実際の地価が高すぎる」というものだ。しかし、経済学では「地価は収益還元地価になるはずだ」としているのだから、「バブルだ」とするのは、「現実の世界でおきていることを経済学で説明できない」と認めていることになる。それは、経済学者の立場からは言いにくいことなのである。私の議論は、「こんなおかしなことが生じていいはずはない」という素朴な直感から出発している。

不動産や株の売買に関係する人々が値上がりをはやし立てるのは、止むをえない。しかし、冷めた目で現実を見るべき学者や専門家が、それに加担したのだ。85年5月に、「東京には超高層ビル250棟が必要になる（それまでの供給の2倍の需要がでる）」との分析が国土庁から公表された。

株については、「Qレシオ」という指標が発明された。これは、企業の保有資産と株価の比率である。もともとは、アメリカの経済学者ジェームズ・トービンが投資行動を分析するために使ったものだ。しかし、日本では、収益率では説明のつかない高株価を正当化するためにそれが流用された。

私は、日本の経済政策に責任を持ち、政界でもっとも知的で経済通であると自他共に認めるある有力な政治家に、「バブルが崩壊すれば、土地担保で貸出ししている日本の銀行は深刻な事態に陥る」と警告したことがある。ところが、この人の反応は、「ようやく私の選挙区でも地価が値上がりし始めて、ほっとしたところです」というものだった。

日本経済新聞に登場した「バブル」という言葉の件数を調べてみると、88年までは、年間数件しかない（87年はわずか1件！）。しかも、それらは、為替レートに関する記事であり、地価や株価についてのものではない。しかし、この数は、バブルが崩壊した91年に、２５４６件と一気に膨れ上がる。そして、92年には３４７５件になった。人々は、バブルの渦中にいるとき、それがバブルであると認識することはできない。バブルが崩壊して初めて、バブルであったことを知るのである。

未曾有の金融緩和

バブル狂乱劇の背後には、未曾有の金融緩和があった。

その発端は、アメリカとの経済摩擦だ。アメリカの対外赤字は、83年の６７０億ドルから84年の１１２０億ドルに膨れ上がったが、このうち3分の1が対日赤字だった。自動車の輸出自主規制がなされたが、事態は変化しない。レーガン大統領に対する議会からの突き上げが激しくなった。日本の経済界には、「保護主義が高まると、アメリカから追い出される」という心配が広がった。黒字縮小が経済政策の最大目標とされ、内需拡大策が取られた。中曽根首相がテレビで、「外国製品を買いましょう」と国民に訴えた。

85年9月に、「プラザ合意」がなされた。これは、ドル安と円高・マルク高を容認することにより、アメリカの赤字を解消しようとする国際協調の為替コントロールである。

9月24日に日銀がドル売り介入を開始した。為替相場は大混乱に陥り、円相場は1日で11円90銭値上がりした。企業の本支店通話で、市外通話が2時間もマヒしてしまったほどだ。1年に6

割も上昇するという顕著な円高が生じ、86年7月には150円になった。86年の経済成長率は2・6％に低下した。

こうなると、円高不況におびえる輸出産業が悲鳴を上げる。そこで、金融緩和への政策転換がなされた。公定歩合は、85年の5％から、87年までに5回引き下げられ、87年2月には、2・5％という戦後最低値まで下がった。マネーサプライの増加率は、2桁に達した。

景気は、86年11月には底打ちしていたのである。そして、87年2月のルーブル合意で、為替安定が合意された。しかし、10月に、ニューヨークで22・5％、東京で14・9％も株価が下落するという「ブラックマンデー」が生じた。「日本発の世界恐慌は起こせない」。こうして日銀は利上げの機会を逸し、結局、異常な低金利は89年5月まで続くことになった。

世界は変わりつつあった

日本がバブルに浮かれている間に、世界は大変化を遂げつつあった。それは、社会主義経済の崩壊だ。

それまでアンカレッジ経由だった日本発ヨーロッパ便は、あるときから、シベリア上空を飛行してモスクワのシェレメチエボ空港に寄航するようになった。これによって、私は社会主義国を垣間見ることができた。空港の外には出なかったので、私が見たのは、ソ連のごく一部に過ぎない。しかし、社会主義国がどんなものかを知るには、十分だった。

空港のいたるところに、銃をもった警備兵がいる。それは、異様な光景だった。こんな無駄な用務に若い人材を使っている国が、長く存続できるはずはない。売店は薄暗くて狭く、太って怖い顔のおばさんが客を睨みつけていた（もっとも、80年のモスクワ・オリンピックが近づくと、空港は新しくなり、免税ショップにきれいなお嬢さんが現われた。ただし、それは経済成長による自然な変化ではなく、病人の厚化粧にしか見えなかった）。

ベルリン郊外のポツダムを訪れたこともある。統合後に再訪すると、まるで別の町だ。聞いてみると、東ドイツ時代には、逃亡防止のために湖を塀で囲んでいたので、町からは湖が見えなかったというのだ。美しい歴史都市ポツダムを監獄にしてしまったのが、社会主義の正体である。

80年代の半ばになると、ソ連崩壊が迫っていることは、誰の目にも明らかになってきた。それを痛感させられたのは、83年の大韓航空機撃墜と86年のチェルノブイリ原発事故だ。事故そのものが信じられないが、事後処理の報道を聞くと、ソ連は国家として体をなしていないと感じざるをえなかった。

89年にベルリンの壁が崩壊。それまで無人地帯だったブランデンブルク門の下を歩いて、東西を行き来できるようになった。ソ連兵がまだ残っていたので、不気味だった。しかし、後で知ったことだが、撤退が遅れた原因は、鉄道の輸送能力が追いつかなかったことと、帰還兵を収容する施設がソ連にないことだった。

95年、東京でオウム・サリン事件が起きたその日、私は北京にいた。北京駅で、悪夢のような光景を見た。駅舎のいたるところに、足の踏み場もないほど、人の塊ができている。彼らは、床に布を敷いて生活している。農村から出てきた人々が、泊まる場所もなく、駅で生活しているのだ。それまでの厳格な都市・農村の隔離政策が緩み、中国は恐るべき勢いで工業化に向けて突進しようとしていた。

5 戦時体制の維持がバブルの基本原因

「財テク」に狂奔した日本企業

仮にあなたが、誰かからカネを借りて、銀行に預金したら、利ざやが稼げたとする。こんなことが出来るなら、あなたは何億円でも、そうするだろう。そして、あなたはたちまち大金持ちになる……。

「カネを右から左に動かすだけで儲かるなんて、そんな馬鹿なことが起こるはずはない。もし起こったら、どこかが狂っている」

まともな判断力を持っている人なら、そう思うはずだ。

ところが、その「馬鹿げたこと」が、実際に起きたのである。そして、日本中の会社という会社が、「カネころがし」の儲けを求めて狂奔した。

これが「財テク」だ。バブル時代には「おかしなこと」がいくらも生じたが、財テクはその最たるものだ。やや専門的になるが、バブル経済を理解するために不可欠なので、以下に簡単に説明しよう。

正確に言うと、企業は借り入れではなく、株式の発行で資金調達した。株価が上昇していたので、上場企業が株式市場から資金調達するのは、いとも簡単だった。調達額は、80年代前半には3兆円程度だったが、87年に約11兆円、89年に27兆円と急激に膨れ上がった。

転換社債も発行された。これは、一定の価格で株式に転換できる（そのため低利の）社債だ。ワラント債というものも作られた。これは、株式に転換できる権利だけなので、発行企業は利払いや返済の義務も負わない。海外での資金調達も拡大した。

調達した資金は、設備投資にあてるのでなく、金融資産で運用する。大口定期預金の金利が自由化されて収益率が向上したから、利ざやが大きくなった。証券会社も、「特金」や「ファントラ」（特定金銭信託とファンドトラスト。これらは、株式や債券で運用する金銭信託である）などの運用手段を用意して、高収益運用を求める企業の要請に応じた。特金とファントラの残高は、85年末には9兆円弱だったが、89年末には43兆円弱までに膨れ上がった。

こうして、企業は、リスクなしで巨額の金融収益をあげた。87年に導入されたCP（コマーシャルペーパー）の発行レートは大口定期預金金利を下回っていたので、文字通り、「カネを右から左に移すだけ」で利益があげられた。

財テクで名をはせた阪和興業は、3兆円の金融資産を保有し、本業を大きく上回る金融収益をあげた（バブル崩壊で巨額の債務を負ったが、再建）。上場企業の総資産は、86年度に239兆円、91年度に388兆円と膨れ上がった。

不要になった戦時金融体制

この当時、「財テクをやらない財務担当者は、無能だ」と言われた。しかし、財テクは、「テクノロジー」でも何でもない。能力がなくてもできる。猿でもできることだ。このようなことを可能にした金融情勢がおかしいのだ。

株式発行の盛行も、本当はおかしい。「株で調達すれば、資金コストゼロ」と言われた。しかし、調達した資金を長期的収益が期待できない対象に投資すれば、一株あたりの企業利益は減少する。財テクの投資対象は、互いに支えあっているだけだから、どこかが崩れれば総崩れになる。そうなれば、株価は加速的に下がって、地獄に堕ちるはずだ。

大企業は、株式市場から簡単に資金調達できるので、「銀行離れ」が進んだ。その半面で、預金はどんどん増える。このため、銀行は資金運用難に陥った。大企業の設備資金に関する限り、「銀行が要らなくなった」のである。戦時金融体制とは、企業の設備資金を、株式や社債でなく、銀行融資でまかなう仕組みだ。それが使命を終えたのである。この時点で必要だったのは、銀行中心のシステムから直接金融のシステムへと、徐々に移行するソフトランディングだった。

しかし、銀行は生き延びようとした。これがあらゆる矛盾の原点だ。

住友銀行は、79年に総本部制を導入して、営業促進と審査機能を一体化。86年には平和相互銀行を吸収合併し、首都圏に殴りこみをかけた。それまで預金量トップだった富士銀行との間で、「FS戦争」と呼ばれた熾烈な戦いが発生した。

もっと大きな矛盾に直面したのは、長期信用銀行（日本興業銀行、日本長期信用銀行、日本債券信用銀行）だ。これは、戦後の金融システムの中核であり、金融債の発行特権を与えられていた。長期信用銀行の役割は大企業の設備資金供給だから、都銀以上の役割喪失に直面したことになる。そこで、85年頃から、本来の役割を離れて、中小企業や不動産向けの融資にのめりこんだ。

要するに、銀行は、時代の変化に抗ったのである。退場を宣告されながら、必死で生き延びようとした。このような無理が、後に述べるさまざまの不祥事を産むこととなる。

大蔵省の失敗

大蔵省はバブルに関して大きな責任を持つと言われる。金融緩和を継続したこと、緊縮財政を続けたこと、過剰な接待を受けたこと……等々。

これらは、確かに問題だ。しかし、金融緩和については、「円高不況になったから。ブラックマンデーが生じたから」と申し開きができる。接待漬けは申し開きできないが、誤解を恐れずに言えば、重大な政策的失敗の直接の原因になったわけではない。

しかし、財テクを可能とする異常な市場条件を放置し、しかも役割が終わった戦時金融体制を維持しようとしたことは、釈明の余地がない大きな誤りだ。

もちろん、財テクの直接の責任は、本業を忘れて浮利を追った企業経営者にある。そして、銀行の暴走は、銀行経営者の責任だ。しかし、だからといって大蔵省が責任を免れるわけではない。

過ちの第1は、市場の恐ろしさを認識できなかったことだ。大蔵省は、それまでも市場運営に関して失敗している(71年のニクソン・ショック時に、外国為替市場を開いたままにして巨額の投機に見舞われたこと。85年のプラザ合意後に為替介入を行ない、市場をコントロールできなくなったこと)。同じ失敗を、このときにも繰り返したことになる。「条件が不適切に設定されれば、市場は暴走する」ということを認識できなかったのだ。

もう一つは、歴史認識の誤りだ。高度成長の実現と石油ショックへの対応において、戦時体制は見事に機能した。しかし、その役割はすでに終わっていたのだ。高度成長が終わり、日本経済の国際化が進む中で、戦時金融体制は崩壊せざるをえない宿命を負っていた。

そのような歴史の転換点を、的確に把握できなかった。歴史における現在の位置を、正しく認識できなかったのだ。それは、実に深刻な誤りだったと言わざるをえない。

通産官僚も同様の過ちをおかしている。第3章の**3**で述べた「特振法」がそれだ。しかし、その過ちは、特振法の挫折だけで済んだ。大蔵官僚の歴史観の欠如は、日本経済全体に影響したのである。

日本が「財テク」というインチキ金融テクノロジーに浮かれている間に、アメリカでは、本物の金融テクノロジーが発達しつつあった。リスク管理の手法が進歩し、さまざまのデリバティブが登場した。そして、90年代には金融機関の再編が進み、高い収益力を持つ金融機関が誕生した。日本の金融機関は、いまにいたるも、この変化に追いつけない。

6 土地本位制は戦時体制の産物

「持つために土地を持つ」

「絵画は壁にかけた土地だ」

本章の*3*でこの言葉を紹介した。ここには、バブル紳士の思考法がグロテスクに露呈している。絵は、鑑賞するものだ。土地は、家を建てて住んだり、事業活動をするところだ。絵は断じて土地ではないし、土地は断じて「壁にかけるもの」ではない。しかし、こう言った人は、絵も土地も金儲けの手段としてしか見ていない。正確にいうと、「値上がり益を生む資産」としてしか見ていない。だから、絵と土地が同じものに見えるのである。

日本でこうした考えが一般化した背景を説明しよう。資産には、銀行預金のような「名目資産」と、土地のような「実物資産」がある。名目資産は、例えば「100万円の預金」というように決まっているから、その実質価値は成長経済では低下する。これに対して、実物資産は、例えば「1坪の土地」というように決まっているから、その名目価格は経済成長やインフレにあわせて上昇する。だから、成長経済においても実質価値を維持できる。欧米諸国では、株式が実物資産として広く保有されている。

ところが、戦後の日本では、普通の家計が保有できるだけの十分な量の株式が存在しなかった。

それは、企業への資金供給が、株式ではなく銀行貸付けで行なわれたからである。これが、「戦時金融体制」に他ならない。

仮に企業への資金供給が株式の発行で行なわれていたなら、家計は資産の大部分を株式で保有しただろう。株式の価値は企業の成長に伴って上昇するから、家計は経済成長の成果を直接に享受できたはずである。

しかし、預金で保有していれば、その価値は経済成長にともなって目減りしてしまう（その半面で、借入れ者である企業は利益を得る）。だから、何らかの実物資産が必要だが、戦後の日本では、実物資産としては土地しかなかった。

そこで、人々は、どんなに無理をしても、とにかく土地を買ったのである。借入れで土地を買えば、負債は目減りするから、なおさらよい（土地取得費もカバーする住宅ローンは、戦後かなりの期間なかった。住宅金融公庫融資は土地がある場合の融資であった。しかし、70年代頃から銀行の住宅ローンが始まり、土地取得費もカバーされることとなった）。

日本人は、住むためより、利用するためより、「持つために」土地を持った。

これは、戦時金融体制の中で資産の実質価値を守るための、止むをえざる行動だったのである。

戦時体制が大衆土地保有をもたらした

実物資産として土地以外のものを提供しなかったのが戦時経済体制だが、他方で、家計が土地を保有できる条件もこの体制が作り出した。

まず、農地解放によって、それまでの小作人が農地を保有できるようになった。そして、都市近郊の農地は、宅地転換されて販売された。

都市内の土地は、戦前の日本では一部の大地主が保有し、一般の人々は借地していた。この体制自体は戦後も続いたのだが、借地借家法の運用で借地権が強く保護されたため、借地権が底地価格の8割程度と、所有権に近いものとなった。そして、徐々に切り売りされていった。

このようにして、戦前は大地主が保有していた土地が、多数の人々によって所有されることとなった。第4章の***1***で説明したように、農地解放も借地権保護も、戦時体制の産物だ。

戦後の日本経済は「土地本位制」だと言われる。確かにそうだ。ただし、こうした状況を作り出したのは、需要面でも供給面でも、戦時経済体制である。日本の国土面積が狭いから必然的にそうなるのではない。また、「日本人が農耕民族だから」という類の文化人類学的理由によるのでもない。これは、すぐれて政治・経済的な現象なのである。

アメリカの国土面積は日本の約25倍あるが、大半の土地には人が住んでいない。だからこそ広々と感じるのだ。都市的用途に使われている土地面積は、日米で大差がない。カナダの国土が広いのは事実だが、人が住んでいるのは、アメリカ国境に接する線のように狭い部分だけだ。

日本にも土地はあるのだが、資産として使われているために、本来の目的に使用できる土地が不足するのである。実際、日本の都市における土地利用密度は、著しく低い。例えば、高層ビルが林立するニューヨークのマンハッタン島に比べると、比較にならないくらいだ。

それに、人口増加率が長期的に見て低下してゆくことは、この当時から分かっていた。だから、土地に対する需要は長期的には減少するはずであり、地価が上昇し続けること自体が、本当はおかしいのだ。もし固定資産税や相続税の負担が適切なレベルに設定されていれば、保有コストが上昇し、資産としての土地の有利性は減殺されたはずである。だから、バブルも発生しなかったはずだ。

土地問題解決のために、土地公有制が必要だと言う人がいる。しかし、固定資産税や相続税の負担を重くすることは、公的部門が土地の一部を所有するのと実質的に同じことだ。そうしたことを行なわず、公有制などという非現実的なことを言っても、事態は少しも改善されない。こうした議論は、結果的に土地無策状態を加速させるだけである。この類の無責任な意見が日本でもてはやされることに、私は憤りを感じる。

１９８９年に出版した『土地の経済学』で、私はこうした考えを書いた。しかし、これに興味を示したのは、残念ながら、日本人ではなくアメリカ人だった。ちょうど日米構造問題協議のときで、当時のアマコスト大使や米大使館のスタッフと何度か議論した（その後、大使とはスタンフォード大学で同僚になった）。

土地バブルの不道徳性

日本のバブルは、土地を軸にして回った。暴騰したゴルフ場会員権価格を支えたのは、土地だ。株価も企業が保有する土地資産に支えられて高騰した（それを正当化するために用いられたのが、「Ｑレシオ」だ）。

本章の***1***で見たように、歴史上何度かバブルが発生したが、その対象は、株、チューリップ、リゾート地などであった。これらは、買いたくなければ買わなければよい。つまりバブルが発生しても、その局外に身を置くことは可能だったのである。

しかし、土地バブルではそうはゆかない。住むために、あるいは事業をするために、どうしても土地が必要だからである。日本のバブルは、金儲けに興味がない人も含めて、あらゆる人々をいや応なしに巻き込んだという意味で、歴史上もっとも悪質なバブルであった。

一生働いてもマイホームに手が届かない。しかし、土地ころがしをすれば、労せずして巨万の富を手にできる。およそ何が不道徳といって、勤勉に働くことが正当に報われず、虚業と浮利と悪徳商法が際限ない富をもたらすことほど不道徳な事態はない。これは人間の尊厳を傷つけるものだ。

そして、実際、日本経済はバブルによって大きな損害を蒙った。この時代の経済力をもってすれば、日本人はもっと豊かな生活を実現できたはずだ。しかし、バブルによって資源配分が歪んだため、それが実現せずに終わった。「バブル時代が懐かしい。再来を望む」という人がいる。その愚かさに、私は怒りを覚える。

80年代後半の日本は、ソドムとゴモラの町より道徳的に退廃した。神の鉄槌が振り下ろされたのは、当然のことだ。

第7章　バブル崩壊

1 バブル崩壊の始まり

大発会で株価全面安

1990年の正月、日本の大銀行の幹部たちは、悪夢にうなされていた。絶壁の前で、「いくらでも上に伸びる魔法のハシゴ」を渡された。これを使えば、どこまでも高く昇れるという。

ふと気がついて下を見ると、目もくらむ高さまで来ている。それに、何と！ これまで昇ってきたハシゴは消え去っている。ハシゴを伝って下に降りることは、もうできない！ 必死で昇り続けなければ、墜落死してしまう……。

目が覚めると、冷や汗でびっしょりだ。初夢にしては縁起が悪い。つい数日前の大納会を思い出して、高所の恐怖がよみがえった。東証一部の平均株価は3万8915円になったが、86年1月に比べると3倍だ。経済規模は1・3倍になっただけだから、冷静に考えれば、「いくらなんでもおかしい」。

しかし、1月3日の日本経済新聞を見て、彼らは安堵した。そこには、こう書いてあったのだ。

「堅調な景気や株式需給関係の良さを支えに、日経平均株価は年末に四万四千円前後へ上昇……主要企業の経営者二十氏の今年の株価予想を集約するとこうなる」

ところが、1月4日の大発会は、全面安の展開になった。格別の悪材料があるわけではないから、一時的な調整に違いない。いや、そうでなくては困る。実際、翌5日の日経新聞も、市場関係者の評価を「戸惑いながらも『一時的』」と報じた。

ところが、こうした期待にもかかわらず、株価はずるずると下げ続けたのである。悪夢は現実化してゆく……。

しかも、経済政策も引き締めに転じた。3月20日、公定歩合が1％引き上げられ、5・25％になった。この時点で、株価は年初からすでに20％下落していた。3月27日には、銀行の不動産向け融資に上限を加える「総量規制」の導入を大蔵省が決定、4月から実施した。

8月2日に、イラク軍がクウェートに侵攻した。私は、この日のことをよく覚えている。ある研究会で「北海道のワンルームマンションへの投機実態」を見学に行く途中、空港のロビーでこのニュースを知った。これに押されて、日経平均株価は、10月1日までの2カ月で33％下落し、最高値の半値になった。

ついに地価も下がった

しかし、土地は値下がりしなかった。91年9月まで、住宅地も商業地も値上がりを続けたのである。これを見て、経済学者はつぎのように言った。

「株価は上がったり下がったりする。しかし、地価はそうではない。地価がバブルだという野口の考えは、やはり間違いだ」

確かに、株価下落は戦後の日本でも何回かあった（スターリン暴落、昭和40年証券不況、ニクソン・ショック、ブラックマンデーなど）。しかし、地価下落は、石油ショック直後の異常時に1回あっただけだ。

実は、地価が下がらなかったのは、単なる時間遅れだったのだ。地価も86年に比べると3倍になっていたから、いずれ崩壊することは不可避だったのである。だが、株と違って、土地は簡単に売ったり買ったりはできない。だから、反応が遅れただけのことである。

実際、91年後半からは、地価も下落を始めた。91年7月から1年間の下落率は、東京都の住宅地で14・7%になった。あらゆるものを情け容赦なく押しつぶすバブル崩壊が、ついに始まったのである。

「我を過ぐれば憂ひの都……すべての望みを棄てよ。汝らここに入《い》るもの」

株と土地の投機にはまり込んだ人たちは、地獄門（『神曲』地獄篇）に書かれたこの言葉を、はっきりと見たはずである。

90年初めに銀行幹部たちが悪夢を見るずっと前から、「こんなことがいつまでも続くわけはない」と多くの人が気づいていた。しかし、下に降りるハシゴがはずされている以上、昇り続けるしかない。ほとんどの金融機関は、そのような恐ろしい状態に追い込まれていたのである。

硬直化した組織は、突撃はできるが撤退はできない。前進に比べて後退はずっと難しいからだ。軍隊の場合、士気を喪失した兵を抱えて優勢な敵軍の追撃に対処しつつ、整然と軍を退かせるのは、至難のわざだ。だから、軍司令官の資質は、撤退のときにこそ知られるのだという。旧日本軍でも、キスカ島撤退などの例外を除けば、前進、前進、ひたすら前進という命令の繰り返しだった。レイテ沖海戦での栗田艦隊への大本営指令は、「天佑ヲ確信シ全軍突撃セヨ」だ。航空機援護のない裸艦隊への命令として、これほど無責任なものは考えられない。

日本企業が生体解剖された

バブル崩壊に直面した日本企業も、同じだった。知恵を絞って下に降りる方法を見つけようとするのではなく、「天佑を信じて」突撃を続けた。例えば、巨額の損失を抱えていた日本長期信用銀行は、信じられないことに、バブル崩壊が誰の目にも明らかになった92年の時点において、初島リゾート施設の融資を急拡大している。

石油ショックまでの日本の戦後経済史は、概して成功の歴史である。ただし、それは表向きの歴史だ。その裏側で何が行なわれていたのか、部外者には殆ど分からない。造船疑獄のときにその一部を垣間見ることができたが、指揮権発動で真相は覆い隠されてしまった。

バブルが崩壊したとき、日本企業は、ハラワタをさらけ出した。なぜなら、企業の生体解剖が行なわれたからである。そこで分かったのは、日本を代表する大企業の内部で、外からは窺い知れない活動が行なわれていたことだ。銀行本来の目的から大幅に逸脱した利益追求行為、ルール違反、不正取引、裏の世界への莫大な利益供与、等々。損失が生じても子会社などに付け替えたため、外からは実態が分からなかった。

事態が深刻化すると、企業は犯罪的行為に手を染めた。人々は、日本企業の内実がこれほどまでに腐っていることを知って、唖然とした。さらに人々を慄然とさせたのは、一部上場の大企業が、裏の世界と密接に結びついていたことだ。

日本を代表する多くの銀行と証券会社が、バブルの膨張と崩壊に巻き込まれた。というより、実はそれらの企業が中心的な役割を演じていたのである。バブルとは、銀行と証券会社が主導して引き起こし、それらが深刻な損害を蒙る過程だった。

暴利を求めて進んでこうした行為を行なった人もいるし、深みにはまって抜け出せなくなった人もいる。保身のため手を染めざるをえなかった人もいるし、悪事と知りつつ協力せざるをえなかった人もいる。終身雇用の閉鎖的組織では、メンバーが自らの判断で行動しうる余地は、驚くほど少ないのである。終身雇用は、会社が発展するときは、全員がその利益にあずかれる仕組みだ。しかし、組織が逆回転を始めると、そこから抜け出せなくなるという恐怖の仕組みでもあるのだ。

極言すれば、このときからほぼ15年という期間、日本経済は不良債権処理以外のことを何もできなかった。ちょうどこの頃、アメリカでは、インターネットを利用する新しい経済活動が誕生し、経済を大きく変えつつあった。日本の一人当たり国内総生産は、１９９０年代の前半には、世界でトップだった。しかし、90年代以降につぎつぎに追い抜かれた。いまでは、ヨーロッパの中位くらいのところまで落ちている。

2 企業不祥事がつぎつぎに発覚

イトマン事件

仮にあなたが、高校卒の銀行員だったとしよう。出向先の地方銀行で定年を迎えようとしていた矢先に、中堅商社の社長になっている昔の上司から声がかかり、その会社に就職することができた。早朝から深夜まで粉骨砕身で働き続けたのが認められ、専務にまでとりたてられた。

あるとき、社長が得体の知れない人物を連れて来た。会社の役員にするのだという。そして、その人物が手がけている得体の知れない事業をあなたが担当するよう命じられた。あなたなら、それを断われるだろうか？　いかに危険に見えたところで、これまで受けてきた恩義を考えれば、到底断われないだろう。

イトマンの専務だった加藤吉邦は、このような立場にいた（イトマンは、１９９０年までは「伊藤萬」。１８８３年創業の名門繊維問屋で、商社に脱皮していた）。加藤をイトマンに呼んだのは、住友銀行時代の上司である河村良彦。河村が連れて来た人物は、地上げのプロ伊藤寿永光である。伊藤は、許永中という、これまた得体の知れない人物を取引相手として引き連れてきた。

加藤は、許などを相手とした絵画取引に引きずりこまれる。90年9月に絵画の代金として振り出したイトマンの手形が、街の金融会社に持ち込まれ、そのコピーが出回るという事件が起きた。

絵画代金が手形で払われること自体が異常だし、一部上場企業の手形が金融業者に流れるのも尋常ではない。

この事件は、10月4日に発売された『週刊新潮』の特集記事で、手形の写真とともに暴露された。世間の注目が一挙に集まり、7日には住友銀行の磯田一郎会長が辞任した。伊藤は解任され、住友銀行からは調査部隊が乗り込んできた。河村は、「絵画取引は加藤君と伊藤君が勝手にやったこと。私は与り知らない」と突っぱねる。見捨てられた加藤は、一人で責任を負わねばならぬ立場に追い込まれた。

消耗しきった加藤が、寝つかれずに「絵さえやらなかったらなあ……」と呟いたのを、妻が聞いている。「庭の草木の名前も分からないあなたが絵画の取引なんて、やめてください」とかねてから懇願していたのである。心配していたことが、ついに現実になった。

「だから、あれほど言ったではないですか」という妻の言葉に、加藤は「なぜもっと強く言ってくれなかった」と低くうめき、じっと天井を見つめていたそうである（『追及　金融・証券スキャンダル』日本放送出版協会）。しかし、そのときにはすでに手遅れだったのだ。加藤は、90年の暮に自殺した。

闇社会の勢力が大企業を食いつぶした

90年5月の日本経済新聞は、イトマンの借入金が1兆2000億円に上っていると報道した。イトマンは河村社長の強引な方針で、土地転がしにのめりこんでいたのだ。

89年の夏に、住友銀行の紹介で伊藤が河村に引き合わされた。イトマンの関連会社が抱えていた株や不動産がらみの複数の難題を、伊藤がみごとに解決。すご腕のほどを河村に見せつけた。さらに、その過程で10億円の現金が伊藤から河村に渡り、河村は伊藤の呪縛から逃れられなくなった。

90年2月に伊藤は理事としてイトマンに入社。ほどなく常務に昇進して、自分が手がけていたプロジェクトにイトマンを引きずり込んでいった。そして、ゴルフ場開発への融資という形で、あるいは絵画の買い入れという形で、巨額の資金をイトマンから引き出していったのである。その総額は、実に2500億円にのぼった。この巨額の資金は、闇の世界の奥深くに消えてしまったのである。

闇世界の勢力、あるいはそれと密接につながる人々は、それまで表の世界に顔を出すことはなかった。しかし、イトマン事件では、一部上場の大会社に堂々と姿を現わしたのである。そして、会社を思うままに操り、それを食いつくした。闇世界と大企業がどこかでつながっているだろうとは多くの人が想像していたが、これほどあからさまなつながりとは知らなかった。イトマン事件が日本社会に強い衝撃を与えたのは、その規模もさることながら、それまでの日本における経済事件とは異質のものだったことによる。

91年7月、大阪地検は、河村、伊藤、許ら6人を特別背任容疑などで逮捕。2005年10月には、許に対する懲役7年6カ月、罰金5億円の刑が最高裁で確定した。河村に懲役7年、伊藤に懲役10年の刑も確定した。イトマンは、93年に住金物産（住友金属工業の子会社）に吸収合併された。

富士銀行不正融資事件

「イトマン事件」をきっかけとするかのように、富士銀行赤坂支店の「巨額不正融資事件」、日本興業銀行もかかわった「尾上縫事件」などの金融不祥事が立て続けに発覚した。

91年春、富士銀行赤坂支店で、総額7160億円の不正融資事件が発覚した。91年9月に強制捜査が開始され、容疑者が逮捕された。

これは、赤坂支店の渉外課長、中村稔が87年ごろから行なったものだ。預金証書を紛失したことにして再発行。それを担保に、富士銀行関連のノンバンクなどから資金を引き出し、融資先に貸し付けた。その一部は赤坂支店への預金として入ってくるので、中村の成績が上がる。相手は丸晶興産の赤城明社長。資金は、実際には土地ころがしや株投機に注ぎ込まれていた。中村も、リベートを受け取ったり接待を受けたりしたので、抜け出せなくなる。そして額がどんどん膨らんでいった。

発覚を恐れた中村は、不正融資を縮小するのでなく拡大していった。穴埋めの手段として、北海道浦臼町が計画したリゾート開発に、赤城の友人の「青年実業家」とともに関与。これは政治家の子弟や有名芸能人も巻き込んだ大規模なプロジェクトで、開発公社には富士銀行が融資した。しかし、関係者の逮捕で工事は中断。公社は135億円の負債を抱えて98年に倒産した。

大阪でも類似の事件が進行していた。料亭経営者、尾上縫は、86年ごろから株式投資を始め、

87年にはNTT株の売り抜けで1カ月で28億円を稼いだ。日本興業銀行やノンバンクから総額実に2兆7600億円の融資を引き出し、株の投機に注ぎ込んだ。株価の下落で巨額の負債を抱え、東洋信用金庫支店長らと共謀して偽造した4160億円の架空預金証書を担保に、銀行やノンバンクから借金を重ねた。91年8月に逮捕され、懲役12年の実刑判決を受けた（03年4月に最高裁が上告を棄却して確定）。致命的な損害を受けた東洋信金は、解体され、三和銀行などに分割譲渡された。

以上の事件が明るみに出たとき、これらは一部の特殊な事件と考えられていた。しかし、実は、そうではなかった。あとから分かったことだが、他の企業や金融機関でも、類似の問題が進行していたのだ。バブルが膨張してゆく間は隠れていたが、地価と株価が下落したために、つぎつぎに露呈したのである。

富士銀行は、不正融資事件を1行員の個人的犯罪とした。しかし、赤坂支店の幹部が誰も気づかなかったというのは、不可解なことだ。そして、中村が不正に手を染めた背景には、行内の激しい競争があった。これらの事件に組織の責任がなかったとは、到底考えられない。

3 大蔵省スキャンダル

オンリー・イエスタデイ

1995年、大蔵省スキャンダルが暴かれ、日本中が蜂の巣をつついたような騒ぎになった。私は、渦中にあった人を「騒ぎになって気の毒」と慰めたことがある。しかし、暫くあとに、信じられないようなことが報道された。「私の知らないところで、こんなことが行なわれていたのか」という驚きは、やがて「信頼していた人に裏切られた」という苦く複雑な思いに変わっていった。

これまで述べてきた戦後史の大半は、私にとっては、本や資料で知った抽象的な事実である。いくつかの事件が私に間接的な影響を与えたとはいえ、事件そのものが私の知る人たちによって引起こされたわけではない。

しかし、これから述べることは、私にごく近い人たちに関連して生じた。かつての同僚や上司が、目の前で巨大な渦に巻き込まれていった。私は、それらの人々の人生が大きく変わってゆくのを見た。

多くの人が、事態解決のために奮戦した。しかし、結果ははかばかしくなく、社会の強い批判を浴びた。複数の人がスキャンダルにまみれ、表舞台から退場していった。そして、何人かの人は自殺した。

こうした過程の末に、ただ一つの単純な結果がもたらされた。大蔵省に対する社会の信任が、完全に崩壊したのである。

1920年代のアメリカで起きた不動産や株のバブルを、「たった昨日のこと」と振返ったフレデリック・アレンは、著書のタイトルを『オンリー・イエスタデイ』とした。私にとって90年代のバブル崩壊は、「オンリー・イエスタデイ」である。

2 信組破綻と住専処理

94年秋、東京都と大蔵省が合同で東京協和信用組合と安全信用組合に検査に入り、巨額の不良債権を見出した。

第6章の*3*で述べたEIE社長の高橋治則が東京協和信組の理事長であり、彼の親友が安全信組の理事長だった。93年に日本長期信用銀行がEIEに対する支援を打ち切ったあと、高橋はこれらの信組を資金源にしていたのだ。当然のことながら、融資の大半は焦げ付いた。

大蔵省と日銀、都銀の間で極秘のうちに練り上げられた受皿銀行が94年12月に公表され、両信組の理事長は辞任した。95年1月に東京共同銀行が設立されて正常な債権と事務を受継ぎ、不良債権は共同債権買取機構が買取ることとなった（なお、東京共同銀行は、その後、整理回収銀行になる。さらに、住宅金融債権管理機構と合併し、整理回収機構となる）。

ところが、日銀と民間金融機関が出資を実施した後で、東京都が低利融資を凍結してしまったため、当初の案は軌道修正を余儀なくされた。4月には、「2信組に財政支出はしない」と公約していた青島幸男が東京都知事に当選。また、コスモ信組が経営危機に陥ったことから、事態はさらに混迷を深めた。

この頃、高橋の周辺から大蔵スキャンダルが漏れ出してきた。3月、高橋が田谷廣明東京税関長に対する接待（自家用機での香港旅行など）を国会で暴露。中島義雄主計局次長との交際も明らかになった。二人は大蔵省から訓告処分を受けた。パンドラの箱が開いてしまったのである。

これに先立つ93年8月、自民党政権が崩壊し、細川内閣が成立した。政治面での「55年体制」が終わったのである。94年6月には、村山連立内閣が成立した。95年には、1月に阪神・淡路大震災、3月に地下鉄サリン事件と、社会をゆるがす大事が立て続けに起こった。

95年6月に高橋が2信組に対する背任の容疑で逮捕された。7月には、サイドビジネス疑惑が大きく報道された中島が辞職した。

ほぼ同時に、住宅金融専門会社（住専）の不良債権問題が表面化した。住専は、もともとは個人向けの住宅ローンを専門に行なうために、銀行などが共同出資して70年代に設立した金融会社である。ところが、銀行が住宅ローンに進出したため、住専本来の業務が伸びず、不動産融資にのめりこんでいった。放漫融資の中には、桃源社や末野興産など、後に起訴された問題企業に対するものも含まれていた。住専は総量規制の対象とならなかったため、その融資は90年代になっても増加を続けていたのである。

95年夏、大蔵省は住専8社に立入り調査を行ない、8兆円を超える巨額の不良債権を見出した。

うち7社の損失総額は6兆円を超えていた。農林系金融機関が住専に余剰資金を投入しており、損失負担を拒否したため、処理が政治問題化した。

たまたまこのときに、大和銀行ニューヨーク支店での巨額損失事件が発覚した。8月に大蔵省に報告。しかし、米金融当局に対する報告を怠っていた。密室処理が印象付けられ、世界中から非難が集まった。

こうして、住専処理は激しい逆風の中での困難な作業となった。負担の分担をめぐって揉めに揉めたあげく、予算内示の直前にやっと6850億円の財政資金投入が決まった。12月29日に篠沢恭助大蔵事務次官が辞任を表明。翌96年1月には村山内閣が総辞職した。財政資金は農林系金融機関に対する補助だったにもかかわらず、それが曖昧にされたため、予算の国会審議は紛糾し混迷した。

大蔵省流マキャベリズムの敗北

バブル期における大蔵官僚のモラルは、それ以前の時期に比べて低下したと思う。世上、批判の対象となったのは、過剰接待だ。もちろんそれは問題だが、つぎの二つがもっと深刻な問題だと、私は思う。

第1は、「有力な政治家さえ押えておけば、政策は実行できる。その他はどうでもよい」という考えだ。「善人でも悪人でも、強い人を味方につければよい」というマキャベリズムは、昔から大蔵省にあったものだ。しかし、社会全体の暗黙のサポートがあったからこそ、それでよかったのだ。社会的信任が崩壊すれば、いかに強力な政治家がバックアップしてくれたところで、どうにもならない。その当然のことを、大蔵省は、このときに思い知らされた（はずである。しかし、大蔵省流マキャベリズムは、財務省にしっかり引き継がれているように見える）。

第2は、暗黙のサポートを獲得するには、道徳的な潔癖性だけでなく理論的な正しさが不可欠であるにもかかわらず、それが不十分だったことだ。伝統的な大蔵省では、「そこまでぎりぎりやる必要はないだろう」というほどの厳密な論理的ツメが行なわれた（私は、主計局で仕事をしていたとき、法規課の緻密すぎる議論にしばしば辟易させられた）。しかし、不良債権処理時の大蔵省では、それが弱くなった。

私は、この頃、金融機関の不良債権処理にかかわる税務上の扱いについて、「税の原則に反する」と指摘したことがある。[1] しかし、よく知っている人たちが処理の責任者だったこともあって、「野口は余計なことを言う」と強い反発を受けた。私が残念に思ったのは、それが感情的な反発であり、論理的な反論ではなかったことだ（同じような反発――ないしは恫喝――を、2年ほど前にも財務省から受けた。論理的反論の能力は、90年代に比べても弱くなっている）。

1995年は、「戦時経済システムがもはや機能しない」ことが明白になった年だ。このときからすでに10年以上がたつ。問題は、それに代わる新しいシステムが構築されていないことだ。日本の統治機構は、明らかに劣化している。

(1) 詳しい内容は、第8章の***6***を参照。

4 総会屋への利益供与事件

宮崎邦次第一勧業銀行元会長の自殺

1997年6月、宮崎邦次第一勧業銀行元会長が自殺した。

私はある定期的な会合で氏と一緒だったので、面識があった。私が作った手帳を胸のポケットから取り出して、「野口さん、使ってますよ」と言われたこともある。そのときの氏のニコニコした顔は、いまでもよく覚えている。大銀行の頭取・会長を務めた方とはとても思えない気さくさであった。語弊があるかもしれないが、山奥の貧しい村の村長さんのように朴訥で誠実な人と思えた。だから、自殺のニュースに、私は強い衝撃を受けたのである。

宮崎は、88年に頭取、92年に会長に就任、96年に相談役に退いていた。97年春に総会屋への利益供与事件が発覚し、事件の鍵を握る人物として、東京地検の取調べを受けていた。自殺の前日にも取調べがあった。自殺しなければならない理由が何だったのか、真相はいまでも謎に包まれている。

参議院予算委員会の参考人招致で発言を求める宮崎邦次第一勧銀元会長

氏の人柄をうかがわせるエピソードは、いくつも伝えられている。40歳代の東京の支店時代に訪れた友人は、勤務時間が終わっても一人で掃除を続ける宮崎の姿を覚えている。頭取就任の挨拶回りの際出身専門学校の朝食会に招かれたときは、主賓席を「いやいや、とんでもありません」と逃げ回り、下座にいる幹事の隣に座ってしまった。記念撮影のときにも、中央に設けられた席を避けて、一番端に行ってしまった。

同級生は、宮崎が頭取を目前にしていた頃にもらした「銀行なんて、そんなにきれいな所じゃないよ。今度生まれ変わったら本当に映画評論家になりたい」という言葉が忘れられないという。頭取時代にも週1回は映画館に通い、週刊誌に映画評論の連載をしていた。マスコミの取材には、映画への憧れを語った。試写会の招待券は山ほどくるのに、必ず入場券を購入したという（読売新聞社会部『会長はなぜ自殺したか――金融腐敗＝呪縛の検証』による）。

私は宮崎氏と映画の話をする機会を、いつか持ちたいと思い、ついに持つことが出来なかった。それを心から残念に思う。

小池隆一への利益供与

第一勧銀利益供与事件の中心人物は、小池隆一、木島力也という大物総会屋である。児玉誉士夫の側近として知られていた木島は、70年代に大学生に人気があった『現代の眼』という新左翼雑誌の発行人でもあった（93年に死去）。政財界に隠然たる力を持ち、とくに第一勧銀の歴代トップと深いつながりがあった。株主総会を一手に仕切り、トップ人事を左右するほどの力を持っていた。

第一勧銀で「神様」と言われた井上薫と横田郁（第一勧銀発足時からの会長と頭取）も、木島来訪を告げられると、取締役会を中断してでも接遇せざるをえなかったという。

この利権を引き継いだ小池は、証券業界の大物総会屋、上森子鉄《してつ》（89年に死去）にも弟子入りして、4大証券にも近づいた。

70年代まで、総会屋との付合いは、企業総務部の日常的業務だった。82年の商法改正で総会屋への利益供与が処罰されることになり、企業は総会屋と決別したことになっていた。しかし、関係は続いていたのである。小池の方法は、つぎのように比較的単純なものだった。

第一勧銀からノンバンクを迂回して金を借り、企業の株を大量に買って株主提案権を得る。総会の前に企業のスキャンダルなどを記載した「質問状」を送りつける。企業が利益供与してくれるなら質問状を取り下げるが、断られれば総会を徹底的に混乱させる。こうして、小池は、商法改正後の最大の総会屋にのし上っていった。

不正融資で引き出した金は、野村・大和・日興・山一などの大手証券会社にも預けて一任勘定とし、利益を要求した。

91年の6月に野村證券社長となった酒巻英雄は、相談役に退いていた田淵節也元会長と田淵義久元社長を取締役に復帰させる必要に迫られていた。両田淵は、東急電鉄株にからむ石井進稲川会元会長の仕手戦に協力した責任を問われて、それぞれ会長、社長の座を降りざるをえなくなっていたのだ。この議題を通すには、小池に株主総会を仕切ってもらう必要があり、その見返りに利益の提供を約束したとされる。

97年3月に、野村證券の総会屋への利益供与が発覚した。捜査が進むにつれ、第一勧銀が巨額な資金を融資していた事実が判明した。5月に、東京地検は第一勧銀の本店を捜索した。

これまで述べてきた2信組も住専も、金融システムの中核ではない。富士銀行は中核的金融機関だが、事件は赤坂支店の問題であった。イトマン事件では住友銀行が深くかかわっていたが、事件そのものは、中堅商社に起こったことだ。

しかし、野村、第一勧銀の事件は、金融システムの中核がおかしくなっていることを明らかにした。4大証券と第一勧銀の首脳陣ら36人が逮捕された。第一勧銀元会長奥田正司には懲役9月、執行猶予5年、酒巻には懲役1年、執行猶予3年の判決が下された。迂回融資や時効にかかっていない分まで含めると、第一勧銀からの不正融資の総額は、460億円に上っていた。

変わっていない相互依存構造

こうした事件では、企業トップの命を受けた実行者がすべての責任をかぶる。そして、トップは、「私は知らなかった」と釈明する。イトマン手形事件が暴露されたとき、河村社長は、「手形が振り出されたのは、私の出張中。担当者が独断でやったことで、私がいればこんなバカなことはさせなかった」と切り捨てた。

野村證券でも、ほとんど同じ言葉が繰り返された。小池の口座の運用を行なったのは野村證券エクイティ本部担当取締役の松木新平、小池に接触する担当は取締役総務部長の藤倉信孝である

（二人とも、その後、常務に昇進）。ともに高卒の重役だ（この点も、イトマンの加藤専務と同じだ）。

酒巻はこの二人に、「小池を怒らせると総会で何をされるか分からないので、苦労をかけるがよろしく頼む」と指示している。しかし、国会で「組織ぐるみの犯行ではないか」と追及されたとき、酒巻は平然として、つぎのような迷言を残しているのである。

「私が知っていたらその場でストップを命じました。残念ながら個人ぐるみでございます」

では、担当者はなぜ進んで罪をかぶろうとするのか？　その理由も簡単だ。トップを守り通せば、会社が最後まで生活の面倒を見てくれるからである。総会屋が絡む事件で逮捕された企業側の関係者の大半は、関連会社などに雇用されているという。「お見事！」という他はない持ちつ持たれつの相互依存構造だ。残念ながら、これが多くの日本企業の本質なのである。

２００６年の12月、日興コーディアルグループの不正経理事件が大きな問題となった。それとともに発覚したのは、総会屋への利益供与事件で有罪判決を受けた元常務が、グループ会社の嘱託として雇用されており、年間約２０００万円の報酬を9年間にわたって受け取っていた事実だ。右に述べた相互依存構造は、少しも変わらずに日本企業に生き続けている。

最近の新聞を読むと、私は、10年前の新聞を読んでいるようなデジャヴュ感覚に襲われる。

第8章　金融危機

1 山一崩壊（Ⅰ）

うちの社長は「焼き芋」です

「まるドメ」という言葉がある。私が初めて聞いたのは1970年代だが、霞ヶ関界隈や金融機関では、かなりポピュラーな表現だ（「まるでドメスチック」の略で、「国内一筋」の意）。

山一證券の第13代にして最後の社長となった野澤正平は、「まるドメ」の代表選手のような人だった。

「野村證券の氏家社長がスパゲッティなら、うちは焼き芋です」と、山一のある役員が取引先に口を滑らしてしまった。「社長の耳に入ってしまう」と気づいて、先回りして詫びにいった。「国内営業一筋で社長になった方だから日本人の心が分かる、という意味です」と釈明したところ、野澤は、「そうか、俺は焼き芋なんだ。ありがとう」と笑って頷いたそうである。[1]

温厚で純朴。部下の面倒はよく見るし、上司とは怒鳴りあう。だから、部下の信頼は厚かった。すぐに目頭を押さえる癖は、90年に取締役になってからも、少しも変わらなかった。97年8月11日の社長就任挨拶のときにも、涙を見せた。

ところが、それを見た何人かの役員が、「これはえらいことだ」とうなった。感激の涙だとすれば、巨額の簿外損失を知らされていないことを意味するからである。

野澤がこれを知るのは、8月16日のことだ。3人の役員がやってきて告げた。「簿外の含み損が2600億円あります」

山一の当時の自己資本は、約4000億円である。その半分を超える巨額の損失だ。しかも、粉飾という犯罪行為で隠している。説明の間中、野澤は一言も発せず、手がだらりとたれて、うつむいたままだった。説明が終わっても、椅子から立ち上がれなかった。「腰が抜けちゃったよ」と野澤は後に述べている。

実は、第13代社長選考にあたっての最重要条件は、簿外損失の存在を知らないことだったのである。株価がどこまで下がるか分からない状況で粉飾の簿外損失を知っていたら、社長を引受けるはずがない。それまでの経営陣は、野澤という善人にすべてを押し付けて、逃亡しようとしていたのだ。

元凶は営業特金

山一崩壊の歴史を読むと、「飛ばし」「JUMP」「ニギリ」「営業特金」「簿外」などの奇怪な言葉がぞろぞろ出てくる。「宇宙遊泳」などというのもあり、これを聞くと私はつい

旧山一證券本社ビル

口元が緩んでしまうのだが、関係者にしてみれば、深刻きわまりない事態なのである（これらの意味は後述する）。

すべての元凶は、「営業特金」である。これは、法人の資金を一任勘定で預かり、運用するものだ（山一以外の証券会社も行なっていた）。自由に売買できるので、手数料は稼ぎ放題。証券会社は、これを相場操縦にも使った。法人側は、一任勘定で預けるので、利回り保証を求めた。

営業特金を拡大させたのは、第10代社長の横田良男（２００５年3月死去）であると言われる。実は、私は72年に大蔵省証券局業務課の課長補佐をしていた。私の役目は4大証券の「ＭＯＦ担」の説明を聞くことであり、当時の山一のＭＯＦ担が横田氏だった。[2]

他社のＭＯＦ担は口八丁手八丁の賑やかな人が多かったが、横田氏は、落ち着いてどっしりしていた。私は校長先生を前にしているような気持ちにさせられた。山一廃業後に経緯を読んで、「あの横田さんが、営業特金の推進者とは！」と、信じられない気持ちだった（いまでも信じられない）。

株価が下落してくると、営業特金は巨額の損失を抱えることになる。そこで行なわれたのが、「飛ばし」だ。これは、含み損を抱える株式を、他社に一時的に引取ってもらうことだ。このために便利に活用されたのが、決算時期が他社とずれている東急百貨店だ。決算が迫っている会社が保有している株式を東急に移し、東急の決算期になると、また別の会社に移し……という操作を繰返す。そのうち、どこが振り出しかが分からなくなってしまうものも出てくる。これが「宇宙遊泳」だ。

野村證券は、損が生じた株式を強引にクライアントの会社に引取らせた。企業側にも弱みがある。利回り保証は正式な契約でなく、口頭で約束して手を握っただけだからだ（そのため、「ニギリ」と呼ばれた）。しかし、何十億という損失を企業がおいそれと引受けるはずがない。山一は各社に断られて、自社で引受けざるをえなくなった。

損失隠しの100点答案

損失を含んだ営業特金をどのようにして引取るべきか。本来であれば、山一の本体が引取って損失を確定し、償却すべきだ。

しかし、山一が選択したのは、隠蔽である。それは、簡単な課題ではない。この難問に対して、山一の頭脳は、100点の答案を書いたのである。損失隠しが開始されたのは91年のことだが、97年の廃業まで、部外の誰にも気づかれずに隠しおおせた。大蔵省や証券取引等監視委員会の検査でも見破れなかった。分かったのは、追いつめられた山一が自白したためだ。

その手口はきわめて巧妙で複雑なので、多くの解説書は、「デリバティブなどを使った複雑な方法」とごまかしている。ここでもそう済ませてしまってもよいのだが、興味をお持ちの読者のために、説明しよう。(3) これだけのテクニックを本業に使ったら、どんなに収益が上がるだろうかと思える。

ただし、損失隠しの本質は、実に簡単である。損失を子会社に移すだけだ。米エンロンもこの手法を用いたし、2006年末に発覚した日興コーディアルの手口も同じだ。要は、移動が見破られないように、どれだけ複雑な形でそれを行なうかである。
最も単純には、山一が子会社に金を貸し、子会社がそれを使って、顧客の持つ値下りした株式を簿価で買えばよい。最初はそうしていた。しかし、それではすぐに分かってしまうので、つぎのようにした。

国内法人顧客の分については、子会社が国債を山一へ「売り現先」に出し、それによって得た資金を用いて子会社が顧客の株式を簿価で買取った（売り現先とは、手持ちの国債を買戻条件付きで売ること。これは、借入れをするのと同じことである）。では、国債はどうやって調達したのか？　山一が直接貸付けてもよい。しかし、複雑化するために、山一が信託銀行に特定金銭信託を設定して国債を信託し、その国債を運用という名目で何重にも子会社を経由して、目的の子会社に貸付けたのである。

海外支店がかかわる分については、まず、「当初に利益を出し償還期に損失を出す」という形の仕組み債を北欧の政府機関に発行してもらう（「仕組み債」とは、投資家のニーズに応じて金利や元本の支払い方法を調節した債券のこと）。これを顧客に売却する。顧客は、その利益で損を消す。その仕組み債を、山一の現地法人が額面で買取る。現地法人は、仕組み債を金融機関に売り現先で出してそれを買う資金を調達する。

「100点の答案」と言ったが、問題そのものを解決しているわけではない。株価が下がれば損失はどんどん拡大してゆく。これは、文字通りの時限爆弾なのである。

(1) 読売新聞社会部『会社がなぜ消滅したか』による。

(2) 当時は、「MOF担」という言葉はなかった。野村證券のMOF担は、1997年に短期間野村證券の会長兼社長となった鈴木政志氏(97年に総会屋利益供与に関連して辞任。2005年5月死去)であった。なお、このとき証券局業務課で私の隣に座っていた筆頭課長補佐は、後に証券局長となる松野允彦氏である。

(3) 山一證券社内調査委員会、『社内調査報告書――いわゆる簿外債務を中心として――』などによる。

2 山一崩壊(2)

孤立無援の野澤社長

1997年8月16日に巨額の簿外損失を知らされた山一證券の野澤社長は、19日、前会長の行平次雄顧問に「どうするつもりだったんですか」と問いただした。しかし、返ってきたのは、「業績をあげればそのうちに消せるだろう」というような、無責任きわまりない答えだけだった。

翌日には、行平顧問、三木淳夫顧問(前社長)などとの間で話し合いがもたれた。顧問側の反応は「信頼回復して業績をあげるよう頑張るしかない」「顧問もバックアップする」というおざなりなものだった。

9月には、利益供与事件（小池事件　第7章の**4**参照）で、三木や役員らが逮捕された。これによって山一の信用が失墜し、顧客離れと株価下落が加速した。10月に入り、山一から富士銀行に対して、含み損の報告と支援の要請が口頭で行なわれた。しかし、富士からは、予想を超える厳しい回答しか返ってこなかった。同時期に、コメルツ銀行、クレディ・スイスグループなど外資との提携に向けて懸命の努力がなされた。しかし、いずれも合意に至らなかった。

つまり、こういうことである。本来責任をもって処理にあたるべき旧経営陣は、まったく頼りにならない。しかも、別の件で逮捕されてしまった。メインバンクだと思っていた富士銀行に助けてもらおうとしがみついたが、冷たく突き放された。いったい誰に助けてもらえばよいのか。孤立無援の野澤は、楚の項羽と同じ絶望の状況に置かれたのである。

兵少ナク食尽ク、漢ノ軍及ビ諸侯ノ兵之ヲ囲ムコト数重
夜漢軍ノ四面皆楚歌スルヲ聞キ、項王乃チ大イニ驚キテ曰ク
漢皆、已ニ楚ヲ得タルカ
是レ何ゾ楚人ノ多キヤ

破滅へのカウントダウン

11月になると、事態は急展開する。3日に三洋証券が破綻し、つられて、山一の株も売りたたかれた。山一は短期の資金繰りにも窮する事態となり、11月末を越えられるかどうかという状態に陥った。(1)

14日。野澤社長が大蔵省長野厖士《あつし》証券局長に対し、約2600億円の「含み損」があることを口頭で伝えた。長野は「三洋証券とは違うのでバックアップしましょう」などと応じた。

17日。北海道拓殖銀行が破綻した。

19日。大蔵省の態度が急変した。長野局長は野澤社長に伝えた。「自主廃業を選択してもらいたい。飛ばしのディスクロージャーについては、26日が限界。会社が待ってくれと言っても、大蔵省は独自に26日に発表する」野澤社長は「局長、なんとか助けて下さい」と訴え、頭を下げた。

20日。長野証券局長。「昨日話したことが代議士周辺から漏れている。山一から漏れたとしか考えられない。26日まで待てない。24日に大蔵省が発表するので、準備をしてほしい」

22日。日本経済新聞朝刊が「山一証券　自主廃業へ」の記事を掲載した。山一の大部分の役員と社員は、新聞記事で初めて「自主廃業」という言葉を知った。

24日。この日は月曜日だが、振替休日のため休業日だった。午前6時からの臨時取締役会で自主廃業を決議、大蔵大臣に営業休止の申請を行なった。午前11時30分、野澤社長が記者発表を行なった。(2)

野澤は下を向いて原稿を読むだけだった。明け方まで想定問答集を暗記しようとしたの

廃業を発表する山一の野澤社長

だが、だめだったのだ。記者から「簿外債務と含み損は同じ意味か」と質問されると、「ちょっと私にはわかりません」と答えに窮する始末だった。

記者からの質問がつきかけると、野澤は突然立ち上がり、涙を流しながらマイクが割れるような大声で言った。「社員らは悪くありませんから！　みんな私たちが悪いんですから。お願いします。再就職できるようお願いします！」

翌98年の3月、行平、三木らが、虚偽の有価証券報告書を作成した容疑などで東京地検に逮捕された。自主廃業すべく事務処理を進めたが、98年6月の株主総会で解散決議に必要な株主数を確保できなかった。このため、自己破産申立てに方針転換し、99年6月に東京地方裁判所から破産宣告を受けた。

2000年3月、行平と三木に有罪の判決が下された。執行猶予付きの行平は判決を受け入れた。実刑判決の三木は控訴し、控訴審で執行猶予となった。

なぜ山一だけが破綻したのか

本章の*1*で述べたように、営業特金を行なっていたのは、山一だけではない。バブル崩壊によって巨額の損失が発生したことも、各社共通の事情である。違ったのは、それへの対処法だ。

原理的には、特金の解消には四つの方法があった。第1は、顧客先企業に損を含めて引取ってもらうこと。第2は、顧客先企業に引取ってもらうが、損失は証券会社が補塡すること。91年の証取法改正で損失補塡が禁止されるようになってからは、顧客先企業に訴訟を起こしてもらい、裁判所主導で和解をする形でこれが行なわれた。

第3は、証券会社が引取り、損失を償却すること。そして第4は、引取った後に簿外で処理して隠蔽することである。この場合には、将来の株価上昇で含み損が解消されるのを期待することになる。

大まかに言えば、野村は第1の方法を、大和と日興は第2の方法を、それぞれ中心として特金を解消した。山一だけが第4の方法を選択したのである。つまり、各社とも同じ問題に直面し、山一以外の会社はなんとかそれを表面化させて対処した。山一だけが、ひたすら隠蔽することを選択したのである。

これは、「経営不在」以外の何ものでもない。どうにもならぬ段階に追い詰められたときに山一の経営陣が求めたのは、外からの支援だけだった。最初は富士銀行からの、そして最終的には大蔵省からの。

経営者の無能ぶりとは対照的に、山一證券の社員については、質の高さを感じる。第1は、顧客に対する清算業務を、(一時は無給で)最後まで誠実に行なったことだ。第2は、破綻にいたる経緯を、社内調査委員会が『社内調査報告書――いわゆる簿外債務を中心として――』に詳しく遺したことだ。われわれが山一破綻の状況を詳しく知ることができるのは、この文書があるからである(インターネットに公開されているので、誰でも見ることができる)。

優秀な社員が多数おり、状況が大きく変化しないときには、みんな仲良く、家族のように居心地よい職場だ。しかし、外部環境が大きく変化して経営上の重大判断を迫られると、それをできる経営者がいない。何もせずにひたすら解決を引き延ばす。そうすれば、「そのうち何とかなるだろう」。

はっきり言ってしまえば、日本の大会社の役員は、「社員のなれのはて」なのである。つまり、「経営しない経営者」だ。これは、どの大企業でも、ほぼ共通して見られる特性だ。山一は、この点で典型的な「日本の会社」であった。

問題は、そうした日本企業の特性が、いまにいたるまで基本的に変わらないことだ。これこそが、日本経済が抱える最大の問題である（この問題については、第9章で再び考える）。

（1）社内調査委員会、『社内調査報告書――いわゆる簿外債務を中心として――』による。

（2）以下は、読売新聞社会部、『会社がなぜ消滅したか』などによる。

3 長銀破綻（一）

超エリート集団

日本長期信用銀行（長銀）に勤めていた人から聞いた話だが、課の旅行で旅館に着くと、「歓迎　日本長期信用金庫さまご一行」

という大きな垂れ幕があったそうだ。「信用金庫ならうちの町にもあるけれど、信用銀行なんて聞いたことがない」というのが、普通の日本人だろう。

こうした感覚からすると、「長銀が破綻した」ことの重大性を、認識できないかもしれない。しかし、長銀は、戦後の日本経済において、頂点に位置する特権的組織の一つだったのである。信用金庫の破綻とは、まるで意味合いが違う。

実際、就職を控えた学生の間では、長期信用銀行は抜群の人気があり、成績が非常に良くないと入れなかった。金融機関の中で、「長期信用銀行」ほど一般の人々と関係者の認識が隔たっていたものはない。(1)

学生の人気が高かった理由は簡単だ。まず、自転車に乗って得意先回りをしたり、預金集めをしたりしなくてよい。そして、退職後は関連会社の役員に天下れる。この二つとも、長期信用銀行の地位を象徴している。

預金集めをしなくてよい理由は、「金融債」を発行できたからである。これを地方銀行などに買ってもらう。1950年代の中ごろまでは、郵便貯金を原資とする資金運用部も金融債を引受けていたし、60年代には都市銀行も金融債を大量に購入した。預金吸収の必要がないので支店が少なく、そのため一般の人になじみが薄かったのである。また、行員数も都市銀行に比べれば格段に少なく、少数精鋭のエリート集団だった。

戦後の日本では、債券形態で資金を調達できる企業は、日本電信電話公社と長期信用銀行など、ごく少数しかなかった。こうした独占的地位を利用して集めた資金を、設備資金不足に苦しんでいた基幹産業の企業に融資した。だから、天下りができたのである。

長銀は、普通銀行に転換した日本勧業銀行からの移籍者を中心メンバーとして、1952年に設立された。自民党の宏池会との関係も深かった。このようなエリート組織がよもや破綻しようなどと、誰が予想できただろうか。

バブル融資に突っ走る

第6章の5で述べたように、1980年代になって大企業の「銀行離れ」が進行し、長期信用銀行は危機的な状況に直面した。

長銀の名誉のために述べておくが、こうした事態への積極的な対応策を、長銀はいち早く打ち出していたのである。85年に「第5次長期経営計画」を策定。そこで、投資銀行への方向付けがなされた。これは、社債の引き受け、M&A斡旋業務、デリバティブ業務など、高度の金融サービスを提供する銀行へと転換する計画だ。

しかし、バブルが進展するなかで、融資重視の伝統的銀行業務路線が行内で主流となり、投資銀行路線は放棄された。71年から89年まで頭取・会長を務め、取締役在任期間が実に34年間に及んだ「長銀のドン」杉浦敏介は、革新的な第5次長期計画に理解を示したとも言われるのだが、伝統路線への復帰後は、その推進者になった。

従来型銀行業務の延長線上に中小企業向け融資や不動産融資を拡大しようという「第6次長期経営計画」が、89年にスタート。同年6月に堀江鐵彌が頭取に就任し、積極的な融資が展開された。営業の現場では、ろくに担保物件も見ないまま乱脈融資に突っ走るのが、普通になってしまった。

こうした中でも突出していたのが、第6章**3**で述べた高橋治則のＥＩＥに対する融資である。85年に長銀が取引を始めたとき、同社は従業員１００名弱の電子部品商社に過ぎなかった。しかし、高橋は、第2代長銀頭取の濱口巌根（濱口雄幸元首相の次男）の遠縁であり、濱口に引き上げられたのが杉浦であった。また、高橋の義父と杉浦は刎頸の仲だった。しかも、融資先の開拓に行き詰まっていた長銀にとって、「飽くなき事業拡大」を目指すＥＩＥは、絶好の融資先に映ったのである。

杉浦のバックアップを得て、ＥＩＥ向け融資は急速に増加した。しかし、バブル崩壊で経営は悪化、91年には長銀管理下におかれた。93年、2信組問題の表面化をきっかけに、長銀はＥＩＥへの支援を打ち切った。

また、ノンバンクを通じた土地担保の融資も拡大した。長銀本体からは貸せない案件を、ここを通じて融資したのである。

事業継続による不良債権隠し

バブル崩壊による問題は、系列ノンバンクでまず表面化した。しかし、各ノンバンクはばらばらに融資をしていたので、頭取でさえ

旧長銀本社ビル

不良債権の全体像を把握できなかった。そこで急遽、調査が行なわれたのだが、91年末に判明したグループ全体の不良債権額は、何と2兆4000億円を超えていた。この報告を受けた堀江が採用したのは、これらを処理することでなく、隠蔽することであった。つまり、山一と同じ路線を採ったのである。

ＥＩＥは、海外リゾートを中心にホテルなど建設途上の案件を多数抱えていた。これらを即時処理するのではなく、完成させてから処分するという戦略が採られた。しかし結局は、不良在庫が増えることにしかならず、当初は600億円程度であったＥＩＥへの貸付金は、3800億円にまで膨張した。

また、日比谷総合開発、有楽町総合開発、エル都市開発などの受け皿会社を設立し、ここに不良債権を「飛ばす」ことも行なわれた。貸付けが不良債権化したとき、担保の土地を受け皿会社が簿価で買収し、これによって借入れ金を返済させる。受け皿会社は、土地購入資金と建設資金の融資を受け、その土地に建物を建設して賃貸し、賃料で利払いをする。こうした操作で、不良債権は、受け皿会社向けの健全債権に変わってしまう。

この方式の発端は、ＥＩＥ本社ビルとして建設された虎ノ門のビルだ。長銀管理下に入ったのち、関連ノンバンクから受け皿会社に売却され、それがドイツ銀行に貸付けられた。ところが、賃貸料収入でノンバンクへの利払いをまかなえることが判明したのだ。利息だけでも支払われていれば、情報開示上の不良資産の定義からは外れる。また、当局検査の査定でも不良債権と認定されない。

このように、不良債権の担保不動産に新たな資金をつぎ込んで生かし続ける方法を、長銀内部では「ゴーイングコンサーン（事業継続）」と呼んだ。未完成の物件なら、完成させればよいということになった。この方針に従い、静岡県の「初島クラブ」にも、400億円近い資金が投入された。

もちろん、地価が下落を続ければ、受け皿会社の財務内容は際限なく悪化し続ける。しかし、グループ会社を使って受け皿会社の株主を偽装し、連結対象子会社にはしなかった。したがって、財務内容は公開しなくてもよいし、当局の検査の際にも直接の対象にならない。

受け皿会社は、直系だけで19社あり、グループ全体では99社に上った。19社だけでも、6960億円にのぼる不良債権隠しが行なわれた。

(1)「長期信用銀行」とは、「長期信用銀行法」に基づく三つの銀行であり、「日本長期信用銀行」はその一つである。残りの二つの長期信用銀行は、日本興業銀行と日本債券信用銀行（1977年までは、日本不動産銀行。2001年からあおぞら銀行）だ。このように、普通名詞と固有名詞が紛らわしく、銀行名の変更もあったりで、混乱しやすい。

4 長銀破綻（2）

追い詰められた長銀と政府

「これからの行内語は英語かと思っていたら、関西弁かよお」

1998年7月ごろ、長銀内部でこんな会話が飛び交っていた。これより先、長銀はスイス銀行（現UBS AG）との提携で活路を見出そうとしていた。しかし、交渉は進展しなかった。そうしたなかで、6月26日に住友信託銀行との合併が突然発表された。「英語から関西弁」とは、これを指している。須田慎一郎『長銀破綻』によると、ある長銀行員が話したことが『週刊文春』に出た。

「進駐軍はスイスだと思ってたのに、実際にやって来たのは大阪弁の連中なんだ。まあ、蛮族にやられるということかね」

「住信なんてのは、隅っこの信託ですよ。信託でも三菱信託ならまあ許せるが」

「だいたいウチの行員が住友と机を並べて中小企業に頭を下げられるわけないじゃない」

住友信託の役員から行員まで、これを読んで激怒したという。当然のことだ。もともと合併に関しては住信内でも住友グループ内でも根回しが十分でなく、反対がくすぶっていた。合併の発表で住信の株価は急落し、反対派が力をつけた。

そうした状況下でこんなことを週刊誌にしゃべってしまうのは不用意きわまりないが、長銀マンのプライドを考えれば、分からなくもない。つい本音が出てしまったのだろう。

しかし、この頃の長銀の実態は、プライドなどという段階ではなくなっていたのである。長銀の株価は、200円前後で推移していたが、6月初め、月刊『現代』に経営危機をスクープされ、急落した。7月12日の参議院選で自民党が大敗。7月22日には49円と終値で額面割れに陥った。

7月30日に小渕恵三内閣が発足。宮澤喜一が蔵相に就任した。小渕首相自らが高橋温住友信託社長を首相官邸に呼んで合併を説得した。民間金融機関の合併を首相が要請するなど、異例きわまりない事態である。政府がいかに追い詰められていたかが、よく分かる。しかし、高橋社長は首を縦にはふらなかった。

この頃、私は、ある長銀の人に「いったいどうなるんだろう」と聞いたことがある。「もうだめでしょう」という答えが平然と返って来たので、かえって驚いてしまった。

迷走した対応

本当のことを言えば、長銀はこれより半年前に「死んでいた」のである。国際業務を行なうために必要な自己資本比率を達成できず、スイス銀行の支援で自己資本増強を行なうはずだった。しかし、株価の下落でできなくなった。かと言って、短時間で国際業務から撤収するのは物理的に不可能だ。長銀は3月末の決算を越えられない事態に陥っていたのである。

しかし、前年12月末に自民党が公的資金30兆円のスキームを決め、長銀は3月に1766億円の投入を受けて生き延びた。当時から、これは長銀を始めとする実質破綻銀行の延命策であると言われていた。この際、公的資金を受け入れる銀行は、形式的には「健全」と判定されていた（公的資金は補助金ではなく、一種の貸付であるから、事業を立て直して返済してくれないと困る。だから、「健全な」銀行にしか出せないのである）。

ところが、「健全」と審査したはずの金融危機管理審査委員会の佐々波楊子委員長は、9月1日の衆議院金融安定化特別委員会で、「貸出金調査票は大蔵省・日銀にお願いした。個別行の内容については承知していない」と発言した。これでは、「何も審査をせずに公的資金を投入した」ということになってしまう。

この発言は衝撃をもって受け止められた。反響のあまりの大きさに、佐々波委員長は翌日に発言を訂正。その翌日には病気を理由に特別委員会を欠席してしまった。公的資金投入を勝手に進められたことへの不満の表明だったのかもしれないが、発言の真意がなんだったのか、いまもって分からない。

7月から10月まで開催された臨時国会では長銀救済が最大の課題となり、「金融国会」と呼ばれた。自民党（なかんずく宏池会）は、何が何でも公的資金を投入し、長銀を延命させたい。それに対して、民主党を始めとする野党は、破綻させて国有化したい。自民党の内部でも、「政策新人類」と呼ばれた人々はオールドジェネレーションと対立し、民主党に同調する。そして、大蔵省は機能不全に陥っていた。「火事場で消火の方法を議論している」と言われるほど、混迷につぐ混迷が続いた。

9月25日深夜、自民党は金融再生関連法の民主党案を丸呑みにし、「一時国有化」で決着した。10月12日に「金融機能再生緊急措置法」が、16日に「金融機能早期健全化緊急措置法」が成立し、23日に長銀は特別公的管理の申請を行なった。国がすべての普通株式を取得し、長銀は一時的に国有化された。

授業料、金10兆円也

99年6月、元頭取大野木克信ら3人が証券取引法違反などの容疑で逮捕された。9月末、金融再生委員会は長銀を米リップルウッド・ホールディングスを中核とする国際投資組合に譲渡することを決定した。2000年2月に最終譲渡契約が結ばれ、3月に新しい長銀の営業が開始された。6月には銀行名が「新生銀行」と改称された。

18カ月間の特別公的管理期間中に投入された公的資金は約6兆9500億円に上った。あおぞら銀行（旧日本債券信用銀行）の分とあわせると、11兆円超の公的資金が投入され、約7兆762億円の国民負担が確定した。2行を含め、破綻金融機関の処理で確定した国民負担の総額は、03年3月末までで10兆4326億円に上った。国民一人当たりにすれば、約8万円だ。5人家族だとすれば、40万円になる。

しかし、国民がこれだけの負担を被ったという事実は、一般にはあまり意識されていない。少なくとも、住専処理に6850億円を支出したときの大騒ぎに比べれば、うそのような静けさだ。

その理由は、分かりにくい形で負担が生じているからだろう。住専の際には負担額が予算に計上されて明確に示されたので、強烈な拒否反応が生じた。しかし、公的資金は、預金保険機構からの支出で行なわれ、投入時にはどれだけが国民負担になるかが分からない。後になって負担額が分かっても、多くの人は金融危機のことなど忘れてしまっている。

10兆円をどう評価するかは、人によって違うだろう。放置すればもっと多くの金融機関が破綻したかもしれず、それによる混乱はわれわれの生活を破壊してしまったかもしれない。それを未然に防げたのだから、10兆円は安かったという考えは、当然ありうるだろう。

しかし、こうも考えられる。バラマキ福祉とか財政の無駄遣いと言っても、まったく無駄であるわけではない。ところが、この支出は、放漫融資の尻拭いという以外のなんの意味もない。強いていえば「どんなエリート組織も、途方もなく愚かだ」と教えてくれるだけの意味しかないのだ。それにもかかわらず金融危機から10年近くたって、「バブル時代が懐かしい」という人が増えてきた。すると、10兆円は、教育効果が十分でない授業料だったことになる。

ところで、「長銀破綻の元凶」と名指しされた杉浦敏介は、92年の退職時に9億7000万円を手にした。自宅を売却してそのうちの2億円を返還したものの、時効により刑事立件はなされなかった。

5 結局、日本の銀行は変わらなかった

破綻の原因者が断罪されていない

2007年3月、ライブドアの堀江貴文前社長に東京地裁の判決が下る前日、「窪田元会長ら旧日本債券信用銀行経営陣3名に2審でも有罪判決」という記事が新聞に出た。小さな記事だったので、気づかなかった人が多いだろう。実は私も見過ごして、あとで人から聞いて探し出した。日本債券信用銀行の最後の会長、窪田弘は、現在被告人の立場にある。大蔵省では理財局長や国税庁長官を務めた。読書家として知られており、温厚で誠実な人柄に惹かれていた人は多い。日債銀の旧経営陣を含む6名は99年7月に粉飾決算による証取法違反容疑で逮捕され、04年5月に東京地裁から有罪判決を受けた（窪田元会長は懲役1年4月、東郷重興元頭取、岩城忠男元副頭取は懲役1年、いずれも執行猶予3年）。

この裁判では、不良債権自己査定の違法性が争われている。判決は、「97年に旧大蔵省が出した資産査定に関する通達が金融機関が従うべき唯一の会計基準」とし、「経営裁量の範囲内」とする3被告の無罪主張を退けたのである。

この有罪判決は納得できない、と考えている人は多い。私もその一人である。会計基準をめぐる法律解釈は別として、そもそも彼らが破綻の原因を作ったわけではないことが、大きな理由だ。

窪田が日債銀の頭取に迎えられた93年には、日債銀はもはやどうにもならない状態に追い込まれていた。敗戦処理を頼まれたというのが実情だ（96年に東郷元日銀理事が着任）。

一方、日債銀破綻の元凶と名指しされているのは、「暴力団でもいい。担保がなくてもいい。とにかく貸しまくれ」と融資拡張の大号令をかけていたとされる頴川《えがわ》史郎である（82年頭取、87年会長、92年相談役。07年3月、84歳で死去）。しかし、頴川は時効により刑事立件を免れた。97年の役員退任時に得た退職金は約6億円と言われる。

日債銀の不良債権を引継いだ整理回収機構（RCC）は、01年9月、頴川ら旧経営陣11人に総額45億円の損害賠償を求めて提訴。東京地裁は、04年5月に40億円の支払いを命じる判決を下した（05年12月、合計2億円の賠償支払いで和解が成立）。旧経営陣に対する総額19億円の退職金自主的返還の要請もある。全員で計2億5000万円前後の返還に合意したものの、まだ全額が返還されたわけではない。

長銀の場合もそうだが、破綻の真の原因を作った人が断罪されていない。実際に判決を受けているのは、スケープゴートと言わざるをえない人々だ。「時効」という制度は、ときどき納得のゆかない結果を生む。この場合にもそれを強く感じる。

公的資金で生き延びた銀行

山一と長銀、日債銀は、破綻したために、その内実が白日の下に曝け出された。では、他の金融機関はどうだったのか？　山一、長銀、日債銀は、特殊事例だったのか？

これまで述べてきたように、決してそんなことはない。どの銀行にも不良債権が発生し、そして大同小異の隠蔽工作が行なわれたのである。差は、程度の問題だろう。
箭内《やない》昇『メガバンクの誤算』（中公新書）によると、大手銀行の間では、あらゆる業務について情報交換が行なわれていた。総会屋についての情報交換会というものさえあり、総会屋のランキングや「お土産代」についてまで情報交換を行なっていたという。
こうした環境の中で、不良債権隠しについての情報が共有化されていたとしても、不思議はない。箭内は、長銀と同じような不良債権の隠蔽（評価の下がった土地に融資をつけて建物を建築し、不良債権にならぬようにする方法）は、他のほとんどの金融機関で行なわれていたとし、「都心で銀行系の不動産会社によるオフィスビルが増えているのはこれと無縁ではない」と述べている。

結局のところ、40兆円を超える公的資金が銀行につぎ込まれた。本章の**4**で述べた10兆円を除けば、これらは返却されたから、結局は国民負担にはならなかった。

しかし、98年3月の公的資金注入で長銀が生き延びたのと同じような事態が、他の銀行にもあった可能性は十分ある。つまり、公的資金の注入がなければ、破綻した銀行はもっとあった

旧日債銀ビル

かもしれない。

だが、真相は明らかにならずに隠蔽されてしまった。銀行救済のために、公的資金注入だけでなく、超金融緩和政策、法人税の損失繰り延べ期間の延長などの措置も動員された（税制上の措置はまだある。これについては本章の**6**で述べる）。これらは、間接的な形ではあるが、国民に大きな負担を強いたのである。

生き延びた銀行は、合併を繰り返して巨大化し、潰れにくくなった。しかし、それによって日本の金融システムが本当に生まれ変わったわけではない。極端に言えば、銀行の名前が変わっただけのことだ。

改革派が追い出される日本企業の体質

破綻した金融機関の中でも、改革を叫んだ人は、いなかったわけではない。

山一證券の営業企画部長だった吉田允昭《まさあき》（現レコフ代表取締役）は、その一人だ。読売新聞社会部『会社がなぜ消滅したか』によると、大蔵省証券局業務課長だった小手川大助は、「吉田が社長になっていれば山一はつぶれなかった」と言ったそうである。私も同感だ。

吉田は、「ニギリ特金をやめろ」と社内で繰り返し主張していた。しかし、三菱重工の転換社債を総会屋に配分した事件にからんで副社長の成田芳穂が自殺し、成田に連なる幹部がつぎつぎに粛清された。吉田は、87年に山一を去った。

長銀の場合にも、投資銀行への脱皮を目標とする「第5次長期経営計画」が85年に策定された。

しかし、本章の**3**で述べたように、それは、バブルの大波のなかで、融資拡張を志向する「第6次長期経営計画」に置き換えられてしまった。

　抜本的改革が受け入れられず、当面の見通しさえよければ、現状の体制を維持しようとする。日本の金融機関のこのような体質は、何も変わらずに残っている。改革を叫んだ人が主導権を取れなかったことにこそ、日本の大組織の深刻な問題がある。

　これに対して、アメリカでもイギリスでも、金融業は80年代とは様変わりした。旧来の金融機関が成長したわけではなく、プレイヤーや業務の内容が大きく変わったのである。

　アメリカでは、90年代に金融業の大変革があった。モルガン・スタンレー、ゴールドマン・サックス、リーマン・ブラザーズなどの投資銀行が成長し、為替や債券の取引で巨額の利益を得るようになった。

　また、99年にはグラス＝スティーガル法が廃止され、銀行業と証券業の垣根がなくなった。さらに、ファイナンス理論が実務で積極的に応用され、ヘッジファンドも成長した。

　イギリスの場合、1986年の「ビッグバン」と呼ばれた金融規制緩和の結果、イギリスの伝統的なマーチャントバンクはほとんど淘汰されてしまった。ロンドンの金融街で活躍する金融機関は、80年代のものとはまったく異なるものになった。

　これらを実現したのは、政府の改革施策ではない。政府が行なったのは規制緩和のみであり、改革の方向を主導したのは、市場の力だ。

　しかし、日本の戦後経済の核となった「戦時体制」は、市場を否定し、その影響力を遮断しようとするものだ。日本では、それがいまだに強固に残存している。

6 バブルの総決算

バブル処理のコストはいくらだったのか

アルベール・カミュ『ペスト』の最後の場面は、ペスト終息の祝典の夜の情景である。港から花火が打ち上げられ、人々は、「永い微かな歓呼を以てそれに答えた」。

しかし、物語の主人公、医師リウーは、市中から立ち昇る喜悦の叫びに耳を傾けながら、それは「常に脅かされている」と感じる。なぜなら、「ペスト菌は決して死ぬことも消滅することもないものであり、数十年の間、家具や下着類のなかに眠りつつ生存することができ」るからだ。「おそらくはいつか、人間に不幸と教訓をもたらすために、ペストが再び鼠どもを呼びさまし、どこかの幸福な都市に彼らを死なせに差し向ける日が来るであろう」(宮崎嶺雄訳、新潮社)。

バブルも、決して死滅することはない。その蘇りを防ぐためにも、バブル処理のコストがどんなものであったかを正しく知ることが必要だ。以下でその推計を行なおう。

この議論はやや煩雑である。「数字ばかり出てきて面白くない」と感じる方が多いかもしれない。しかし、日本国民は、それと気づくことなく、驚くほど巨額の負担を、バブルの後始末のために押し付けられているのだ。だから、我慢して読んでいただきたい。

それに先立ち、世上言われる「バブル崩壊で日本の富が失われた」というのは誤りであることを指摘しておこう。

土地資産の総額は、1990年の2452兆円から04年の1244兆円にまで減少した。しかし、これは、単なる計算上のものである。バブル崩壊で財産が実際に消失したわけではない。戦災や大災害で財産が滅失したのとは、本質的に異なる。

もちろん、取引が行なわれた場合には、損得は現実化する。バブル期に高値で不動産や株を買った人は、その後の価格下落によって損失を蒙っただろう。

しかし、損をした人がいる反面で、不動産や株を高く売った人がいることを忘れてはならない。これらの人々は、得をしたわけである。もっとも、そのカネを用いて別の不動産や株を買ったのだとすると、損得は帳消しになったかもしれない。だから、結局誰が得をしたかを同定するのは、簡単ではないのだが。

いずれにしても、バブルの効果とは、このように「誰かが損をして誰かが得をした」というだけのものだ。日本全体として損害を蒙ったわけではないのである（ただし、海外の不動産を高値で買って、その後安く手放した場合には、日本全体として損をした。しかし、その総額は、さほど大きくはない）。

不良債権の無税償却が認められた

日本全体で見れば損得は帳消しになるからと言って、問題がなかったわけではない。高値をつかんで損をしたのなら自業自得と言えるが、意に反して（あるいは、知らないうちに）損失を押し付けられている場合があるからだ。

最も明白なものは、金融機関に注入された公的資金のうち損失が確定した分だ。これは、国民（納税者）が負担した。その額は、本章の**4**で述べたように、10兆4326億円である。

なお、この場合にも得をした人がいることに注意しよう。損失が生じたのは、長銀などの貸付けで回収できなかったものがあったからだが、借りたほうから見れば金を返していないわけだから、その分だけ得をしたことになる（もっとも、「悪銭身につかず」で、株投機などで失った場合が多いだろう）。その分をわれわれ納税者が負担したわけだ。なんと不合理なことであろう。

しかも、納税者が負担したのは、これだけではない。それについて、以下に述べよう。

金融庁の資料によると、全国銀行の不良債権処分損の1992年から06年までの累計は、96兆7828億円である。簡単に言えば、貸し出しのうち、これだけが回収できず（あるいは、その見込みがなく）、銀行は損失処理したのである。

ところで、銀行の会計処理でこれが損失とされることと、法人税において損金と認められることとは、別の問題である。バブル崩壊前の日本の税制では、貸出先が破綻せずに存続している限りは、損金扱いを認めなかった（仮に無条件で認めれば、いくらでも利益操作が可能になってしまうからである。損金とせずに償却することを「有税償却」と言う）。

ところが、不良債権の処理を本格化させるために、一定の条件の下で、「貸出先が破綻していなくとも損金扱いを認める」ことにした（これを「無税償却」と言う）。これによって、不良債権の処理が進展したのである。

なお、第7章の*3*で、「私が大蔵省と論争した」と言ったのは、この問題である。しかし、私以外に無税償却を問題視した人はいなかった。孤立無援ではいかんともなしがたい。

不良債権処分損のうち、どれだけが無税償却だったのかは、分からない。ただし、大部分は無税だったのではないかと想像される。仮に全額が無税償却だったとすると、前記の97兆円弱に法人税実効税率（国税と地方税を合わせて重複を除外した税率）をかけた分だけ、銀行の税負担が減った。実効税率は約40％であるから、その額は38兆7131億円である。90年代以降、法人税収は激減したのだが、その大きな原因の一つは、ここにあった。

1 家計あたり平均で192万円の負担

繰り返すが、不良債権の無税償却は、もともと認められている措置でなく、特例だ。だから、銀行に対する補助金とみなすことができる（なお、税効果会計が問題にされたが、これは資本金に関する事柄である）。

公的資金による損失分とあわせれば、納税者の負担は、約49兆円にのぼったことになる。国民一人当たりでは約38・5万円、5人家族なら192万円だ。これは平均値だから、納税額が多い人なら、間違いなく1000万円のオーダーになっている。

これだけの額を、銀行の放漫融資の尻拭いのために納税者が負担させられたのである。しかも、それは、きわめて分かりにくい形で生じている。だから、多くの人は、負担を課されたこと自体を認識していない。

　そして、得をした人がいる。銀行から融資を受けて返済しなかった企業だ。しかし、それが誰なのかは、分からない。これほど不合理なことがまかり通る国は、世界広しといえども、日本だけだろう。

　不良債権処理を助けたことで、大部分の銀行は生き延びた。日本の金融システムは、大混乱に陥ることなく、維持された。もし大規模な金融混乱が起きていたら、別の形でコストが発生していたかもしれず、それは右で述べた現実の額より大きくなった可能性もある。このことは、認めなければならない。しかし、金融システム安定化のために納税者が支払ったコストは、とてつもなく大きなものだったのだ。

「いまさらこんな計算をしても、何の足しにもならない」という人がいるかもしれない。確かに、計算をしたところで、この負担を取り戻せるわけではない。

　しかし、われわれは、このことを決して忘れてはならないのである。なぜなら、われわれは、バブルの教訓を汲み取っておらず、日本の金融機関の基本的な体質は変わっていないからだ。経済条件が整えば、バブルは必ず再発する。そして、国民は再び同じような負担を押し付けられるだろう。

第9章　未来に向けて

1 真の戦後体制は確立されていない

経済面では、「戦時」が継続した

安倍晋三前首相は、「戦後レジームからの脱却」を政治理念として掲げた。その前提には、「戦後期は、戦前や戦時とは隔絶された民主化の時代」という認識がある。

これは、立場の違いを問わず共有されている一般的な認識だろう。そうした認識からすると、「戦後の基本的な性格は、戦時期に確立された」という本書の主張には、違和感があろう。しかし、そうお考えの方は、つぎの条文を見ていただきたい。

第1条　日本銀行ハ国家経済総力ノ適切ナル発揮ヲ図ル為国家ノ政策ニ即シ通貨ノ調節、金融ノ調整及信用制度ノ保持育成ニ任ズルヲ以テ目的トス

第2条　日本銀行ハ専ラ国家目的ノ達成ヲ使命トシテ運営セラルベシ

この時代錯誤的な法律は、つい10年前まで健在だった。単に残存していたというのではなく、日本の基幹的な経済法だったのである。

これは、ナチスドイツの「ライヒスバンク法」を模倣して1942年に制定された「(旧)日本銀行法」だ。つまり、戦後の日本経済は、90年代の末までは、「戦時総力戦体制」として確立

された制度的な仕組みのなかで機能していたのである。

憲法を見る限り、45年以降は、戦前や戦時期とは隔絶された時代だ。しかし、それは政治における形式面、建前面、理念面のことにすぎない。経済の面では、「戦時」が継続していたのだ(旧日銀法が1997年まで健在だったという事実は、経済面では、形式面、建前面、理念面でも戦時が継続していたことを意味する)。「戦後期」を支配した「戦時体制」を作り上げた中心人物が、安倍前首相の祖父である岸信介だったというのは、誠に皮肉なめぐり合わせだ。

これまで見てきたように、バブル崩壊によって、戦時経済体制の中核的な部分は破壊された。しかし、以下に見るように、日本経済を全体として見れば、組織の実態が大きく変わったわけではない。とくに、大企業の構造はほとんど変わっていない。

そして、より重要なのは、人々の考え方が変わっていないことだ。つまり、経済面では、真の「戦後」さえ、いまだに確立されていないのである。これまでの体制をコントロールしてきた部分が弱体化したものの、それに代わる新しいレジームが確立されたわけではない。だから、日本経済は、追求すべき目的を喪失して機能不全に陥ったままだ。

単一の国家目標への奉仕

金融論の教科書には、「中央銀行は政府から独立でなければならぬ」とか「貨幣価値の維持がその責務」とか書いてある。しかし、旧日銀法には、そのようなことは一言も書かれていない。日本銀行は、総力戦遂行のために奉仕せよというのだ。

日銀のみならず、すべての経済組織が単一の国家目的のために奉仕すべきだとされた。その中心が、統制金融だ。それは、大蔵省のコントロールの下、長期信用銀行、都市銀行を頂点とする金融機関が整然と役割分担して預金を吸収し、重化学工業に資金を供給する仕組みだ。

ただし、資金供給の対象は、終戦によって、軍需産業から重化学工業に変わった。戦時体制の目的が、全体として戦争から成長に変わったのである。第1章の*1*で述べたように、終戦からわずか11日後に「軍需省」の看板が「商工省」に書き換えられたのは、その象徴である。

しかし、軍人を除く軍需官僚がそのまま商工官僚になったのと同じく、日本の経済体制の基幹はそのままだった。とりわけ、経済官庁と金融機関は、ほぼ無傷で残った。つまり、「戦後民主化改革」といわれたものは表面的なものにすぎず、経済活動の中核的組織にまでは及ばなかったのである。

この体制は、60年代の高度経済成長の実現と70年代の石油ショック克服において、目覚しい働きをした。しかし、80年代になって、時代遅れのものになった。それにも拘らず、銀行を中心として生き残りを図った。それがバブルを引き起こし、自らを崩壊させた。バブルの発生も崩壊も、戦時体制の性格を考えれば、歴史的必然だ。

もっとも、中心的な機関の名称は変わった。大蔵省は「財務省」に、興銀は「みずほコーポレート銀行」に。その他、いくつかの金融機関の名称が変わった。しかし、内実は不変だ。とりわけ、銀行が新しい時代の要請にあうように変革できていない。日本の金融機関は、いまだに預金を集めて貸出すことに終始している。欧米の主要な金融業が、90年代に投資銀行に成長したのと対照的だ（投資銀行化は、長銀が一時は願い、果たせなかった目標だ）。日銀法も改正されたが、政府のコントロールはむしろ強くなっている。

安倍内閣の経済政策の中心は、「成長促進」であった。高度経済成長の時代とは経済環境も国際環境も一変したにもかかわらず、「単一の国家目標」があいも変わらず唱え続けられているわけである。

変わらぬ日本型企業

企業の基本的構造は、資金調達法によって決まる。株式会社制度とは、企業の純資産を株式に分割して多くの株主が保有する仕組みである。株主が会社の経営者を選任し、経営の基本を決める。日本の企業も形式的にはこの形態をとっている。戦前の日本では、株主の影響力が強く、実態的にもそうなっていた。

しかし、戦時経済改革によって銀行融資の重要性が高まったため、企業構造は大きく変質した。とくに大企業においては、株主の影響力は形骸化し、企業は実質的には経営者と従業員の共同体になった。これは、株式会社というよりは、社会主義経済における国営企業に近いものである。つまり、戦時経済体制は、戦前の体制とはきわめて異質のものだ。日本の経済史は、１９４５年ではなく１９４０年前後に大きな不連続を経験しているのである。

資本取引が国際化すれば、これは変わるはずである。そして、形式的な資本自由化は、すでに60年代に行なわれた。

しかし、これを骨抜きにしようとする動きが、官民いずれからもなされた。官の側からは、第3章の***3***で述べたように、63年に「特振法」の立法が試みられた（ただし、成功しなかった）。民側の対応は、株式の持合いだ。

現在でも、資本面から見ると、日本は鎖国しているとしか言いようのない状態だ。海外からの直接投資残高のGDPに対する比率は、わずか2・2％程度に過ぎない。イギリスが33％であるのと比較すると、あまりの違いに言葉を失なう。

「日本型企業」と呼ばれるものを特徴付ける諸要素のうち、終身雇用、年功序列賃金は崩れつつある。しかし、資本面で閉鎖的であり経営者が内部昇進者であることは、少なくとも大企業に関するかぎり、まったく変わらない。このため、市場の圧力が企業経営に影響しないのである。

日本の企業が戦時経済型のものであることは、日本経団連を見るとよく分かる。これは、戦時期に企業を統制するため産業ごとに作られた「統制会」の上部団体が1946年に名称を変えたものである。

政府と金融機関が弱体化したにもかかわらず戦時経済型企業が強くなった理由は、90年代以降の経済政策の基本が、低金利・円安政策だったことだ。これによって、輸出志向の重厚長大産業が生き延びた。「構造改革」は、政治的なスローガンとして叫ばれただけだったのである。

2 史上かつてない平等社会

上流階級がいない社会

「社会主義の矛盾とは何か?」

「社会主義では失業はないが、誰も働いていない。誰も働いていないが、給与は受取っている。給与は受取っているが、何も買えない。何も買えないが、すべてを持っている。すべてを持っているが、少しも満足していない。少しも満足していないが、投票では皆賛成」

これは、旧ソ連におけるアネクドート(風刺)の一つである。[1] 戦後の日本も一種の社会主義経済だったのだが、ソ連とは似ても似つかぬ「まともな社会主義経済」だった。

戦後日本社会には、「上流階級」が存在しなかった。少なくとも、経済政策に有意な影響を与えうる階級としては存在しなかった。ここでいう「上流階級」とは、労働所得に依存せず、地代や配当などの資産所得を経済的基盤とする階級である。旧ソ連もこの点は同じなのだが、共産党幹部という特権階層が存在した。そして、日本のような「中流階級」が存在しなかったのである。

戦後日本社会から上流階級が一掃されたのは、第1章の*3*、*4*で述べたように、彼らが保有していた農地や株式という実物資産が、農地解放や財閥解体によって国債という名目資産に置き換えられ、それが終戦直後のインフレで急激に減価したからだ。都市における地主は、借地借家法の厳格な運用で地代を引き上げられなくなったため、インフレで経済的に没落した。

農地解放、財閥解体、借地借家法のいずれもが、戦時経済の中で形成され、あるいは準備されたものだ。その意味で、戦後日本の社会構造を作ったのは、戦時体制である。

一般にインフレは、中流階級に深刻な打撃を与えるものだ。上流階級がインフレで一掃されたのは、世界の歴史で珍しい事態である。そして、暴力革命によらず上流階級を排除できたのは、世界史上に例のない刮目すべき事件である。

戦後の日本社会をリードしたのは、広い意味での労働者階級である。ここで労働者階級とは、労働によって所得を得る階級である。したがって、テクノクラート経営者のような高額所得者も含まれる。戦後の日本においては、彼らが幅広い中間層を形成した。

これには、教育制度を通じて社会的な流動性が高められたことの影響が大きい。ヨーロッパでは、つい最近まで大学は上流階級の子弟が行くところであった。しかし戦後の日本では、あらゆる階級の子弟が進学することができた。そのため、身分制に縛られた社会では想像もできないほど、出身階層に制約されずに人材が登用され、活用されたのである。

もっとも、平等社会は、コストなしで実現したものではない。最大のコストは、見るべき文化を創造できなかったことだ。テレビの普及ともあいまって、戦後日本社会は、凡庸・低劣で俗悪極まりない大衆文化しか生み出せなかった。

分配は市場の外で決まった

戦時経済体制では、生産面でも分配面でも、その中核部分で市場メカニズムが否定されている。生産面では、統制金融を中心に資源の配分が行なわれ、実際の資金配分は、金融機関の融資方針と判断とによって決められた。市場経済では資本市場での競争メカニズムを通じて資金配分がなされるのだが、戦後の日本では、それが否定されていたのである。

分配は、会社内部での賃金構造で決められる。年功序列の賃金体系によって、平等化が実現された。さらに、会社が成長することで、経済成長にほぼ見合って実質賃金が上昇した。市場経済では、労働市場を介して能力に応じた分配が行なわれるが、それが否定されているわけだ。

もっとも、これは大企業を中心としたことである。農業や流通業は生産性向上で遅れるため、「二重構造」と言われた所得格差が発生した。

これに対しては、財政を通じる所得保障が行なわれた。その典型が農業補助である。また、大都市と農村部の所得格差は、地方交付税交付金や補助金で埋められた。国の公共事業が地方にばら撒かれたことの効果も大きい。

これを可能にしたのは、1940年度の税制改革において、給与所得と法人に対する課税を中心とする税制が確立されたことだ。これによって国の財政力が強化されたので、地方に対して財政的な補助を与えることが可能となったのである。

以上のような分配構造が、「一億総中流社会」を作った。所得格差があったのは事実だが、程度の問題と言えるだろう。少なくとも、社会的安定性を揺るがすほど深刻なものではなかった。冷戦が終結したいま、日本はキューバと並んで、世界最後の社会主義国になっている。

市場原理に対する批判は、通常は（生産面ではなく）分配面に対してなされる。市場経済では生産における寄与に応じて分配がなされるのだが、それが「不公平」だとか「卑怯」だとして非難されるのである。戦後の日本社会では、財政を通じる再分配が働いたために、こうした批判が最小限に抑えられた。

この体制はあまりに長く続いたので、多くの日本人は、それがいつまでも継続しうる安定的な体制であるかのような錯覚に陥り、むしろ市場経済に違和感を抱くようになっている。

戦時体制への郷愁は続く

しかし、日本社会の特性は、次第に変質してきている。

最大のポイントは、社会的流動性が低下していることだ。これが早くから見られたのは、政治家の世界である。暫く前から、2世、3世でなければ、国会議員になるのは難しくなっている。社会的流動性を促進すべき教育制度も、機能を低下させている。受験競争へのエントリーが中学レベルになったため、親の所得が子供の進学経路に影響するようになったからだ。

こうして、社会階級は固定されてくる。安倍内閣は「再チャレンジ可能な社会を作る」と言ったが、現実の日本社会は、最初のチャレンジすらできない社会になりつつあるのだ。

それにもかかわらず、平等社会、一億総中流社会を維持したいという願望は続いている。しかも、新しい社会構造を構築することでそれを実現するのではなく、戦時体制を維持することでそれを実現することが望まれている。

だが、戦時体制は維持できないのである。そのもっとも明白な証拠は、バブルだ。バブルの発生と崩壊について第6、7、8章で長く論じてきたのは、戦時体制がもはや機能し得ないことを示すためである。

また、90年代以降は、中国の工業化に伴って、中国からの安価な工業製品が大量に日本に入ってきている。このため、大量生産の製造業を中心とする高度成長期型の産業構造は、もはや維持できない。

低生産性部門への補助がこれまで可能だったのは、国の財政力に余裕があったからだ。しかし、巨額の赤字を国が抱えるようになると、これまでのような補助や公共事業のばら撒きはできない。

このような事実を認めることこそ必要なのだ。生産面で従来の構造を維持できないことは次第に認識されるようになった。しかし、分配面での平等社会への執着は根強い。

安倍前内閣の経済政策は、従来の基本構造を変えることではなく、それを維持したままで「成長」することにおかれた。「戦後体制への決別」と言ったものの、経済面で言えば、戦後社会を作った戦時体制にすがりつこうとしていたのである。

(1) 川崎 浹《とおる》『ロシアのユーモア』による。なお、表現を修正した。

3 歴史主義の貧困

トルストイの「歴史主義」

トルストイは『戦争と平和』のなかで、つぎのように述べている（中村融訳、筑摩書房）。

「（ボロジノ会戦の前日である1812年）8月25日をナポレオンは終日、馬上ですごし、地形を観察したり、元帥たちの提出する計画を審議したり、将軍たちに自ら命令を授けたりしていた」。しかし、「その指令は一つとして実行されるはずもなく、また現に実行されなかった」（トルストイは、この言葉を何度も繰返し、その理由を詳細に説明している）。

だから、「ボロジノ会戦時にナポレオンが鼻風邪を引いていなかったら、彼の指令はいっそう天才的なものとなり、ロシアは滅びて世界の様相は一変したであろう」という考えは、「事実に相違して、馬鹿げている」。

「世界的事件の進行は天のあらかじめ定めるところであって、その事件に関わりをもつ人々の総意の一致によるものであり、したがって、この場合の事件の進展に対するナポレオンの影響などは、単に外面的、架空的なものにすぎない」

そして、クトゥーゾフがモスクワ放棄を命じたのも、モスクワの富裕な人々が財産を捨ててモスクワから立ち退いたのも、モスクワが焼き払われたのも、トルストイによれば歴史の必然である。さらに、空になったモスクワに吸い込まれたフランス軍が、突如として退却と遁走を始め、「数字的に正確な加速度で同じ分量ずつ溶けていった」のも、歴史的必然である（トルストイは、これらがなぜ必然であったのかを、詳しく説明している）。

したがって、「自由と必然」という歴史学の最大の難問に対する答えは、つぎのようなことにしかなりえないのだ。

「もし万人の意思が自由だとするなら、つまり、人はだれでも欲するままに行動できるものとするならば、およそ歴史などというものは、なんらの関連もない偶然の連続にしかすぎない」「もし人々の行動を支配する法則がたとえ一つでもあるとすれば、自由な意思というものはありえない。なぜなら、その時は人々の意思はこの法則に従わなければならないからである」

戦後経済史の必然

バブルの歴史を振り返っても、同じ結論に到達せざるをえない。「あのときこうしていれば、会社は破綻しなかった」と考えられる場面がいくつかあった。しかし、実際には、そうならなかった。「ならなかった」という点が重要である。

第8章の**5**で述べたように、改革を叫んだ人が山一にも長銀にもいた。他の銀行や証券会社にも、いただろう。しかし、その方針は実現しなかった。なぜなら、日本の組織は、そうした改革を受け入れて実行するような構造にはなっていないからだ。だから、バブルの発生も崩壊も、それへの対応も、歴史の必然だったのである。

1980年代の日本企業で、財テクをやらない財務担当者は、「無能力者」の烙印を押された。そうした環境の中で、「私は財テクには反対なので、やりません」などと、誰が言えただろう？　獲得預金額で昇進が決まる銀行の支店で、「こんなことばかりやっていたら、銀行はおかしくなる」と、誰が公言できただろう？　組織に生きる人々は、組織の方針にしたがって仕事をせざるをえない。そうしない限り、組織の中で生き延びるのは不可能だ。だから、バブルの中で、どの銀行もどの証券会社も、同じようなことをやったのである。

もちろん、経営者は企業の方針を決められる（それこそが経営者の役割である）。しかし、決定できるのは、きわめて限定された範囲内だ。

それに、多くの人が望む内容の決定をする人が経営者に選ばれるのだから、会社も、トルストイが言うとおり「関わりをもつ人々の総意の一致」によって動いていることになる。大蔵省証券局での仕事で、私はこのことを痛感した。大蔵省がいかなる方向を望もうとも、業界全体の合意となっていること以外には、何もできない。

これは、バブルに限ったことではない。戦後の経済史の全体がそうである。私は、本書を通じて、戦後日本の経済が、なぜこのような経路を辿らなければならなかったかを、繰返し書いてきたつもりである。それらのすべては、歴史的必然の法則に従うものだった。

政治家の活動に注目する人は、駆け引きや、合従連衡や、対立などの場面において、政治家が自由意思で動いているように見えるかもしれない。しかし、経済的な観点から見ると、それらの人々は操り人形にしか見えない。つまり、実際に歴史に登場した人々が仮にいなかったとしても、別の名前の人がほぼ同じようなことをしただろう。その結果、戦後の日本経済史は、実際にあったのとほとんど同じ経路を辿ったことだろう。個人の自由意思など、蟷螂の斧と考えざるをえないのだ。

未来を主体的に選択する？

歴史家の仕事とは何であろうか？　資料の山を掻き分け、興味を惹く事件を取り出し、それらを並べるだけのことか？

それは、トルストイが言うところの「なんらの関連もない偶然の連続」を作ることであるが、歴史家の意図は、多分そうではあるまい。彼らは、歴史を動かす運動法則を見出そうとしているのだ。

しかし、仮に歴史家がその仕事に成功したとすると、それは、未来の進路に影響を与えたいと願うわれわれの希望を押しつぶすことになるのである。

なぜなら、未来の経路がすでに決まっているのだとすれば、「未来を主体的に選択する」などとは、愚かしいたわごとに過ぎないからである（もちろん、未来の経路の具体的な姿を、いまの我々が知りうるわけではない。しかし、過去の歴史を支配した法則は、現在を出発点として、将来に向かって間違いなくその力を発揮するはずである）。

それどころではない。歴史が必然法則にしたがって動くのであれば、そこから「教訓を汲み取る」など、原理的に不可能なことだ。だとすれば、そもそも、歴史を書こうとする試み自体が、無意味なものになってしまうではないか……この難問に対して、私は満足のゆく答えを出すことができない。

小説『ペスト』の医師リウーの場合も、同じだった。「神を信じていないのに、なぜ献身的にやるのか」という友人タルーの質問に対して、リウーは、「差し当たり、大勢の病人がおり、それを治してやらねばならない」と答えるのみである。

もちろん彼は、これがタルーの問いに対する答えになっていないのを知っているのである。いやそれどころか、私が思うには、彼は治療さえ不可能であることを知っているのである。実際、ペストがまさに終息しようとする時、タルーは発病して死亡する。リウーは、なすすべもなくそれを見守るほかはなかった。

だから、リウーは、自分の記録が「決定的な勝利の記録ではあり得ない」と認めざるをえない。カミュは、つぎのように書いている。

「それはただ、恐怖とその飽くなき武器に対して、やり遂げねばならなかったこと、そしておそらく、すべての人々――聖者たりえず、天災を受けいれることを拒みながら、しかも医者となろうと努めるすべての人々が、彼ら個々自身の分裂にもかかわらず、さらにまたやり遂げねばならなくなるであろうこと、についての証言でありえたにすぎない」

4 開戦直前の過激思想がいまの財界標準

「アカ」と糾弾された岸信介

1940年に商工大臣小林一三と商工次官岸信介が激しく対立したことを、第2章の***5***で述べた。そのとき、岸が「アカ」と糾弾されたことは、現在の日本人には、理解しがたい。いまの日本で岸信介といえば、「保守反動政治家」の代表選手のように思われているからだ。

これは、この当時といまを比べると、日本人の考えがまったく変わったことを示しているのである。40年当時の日本で「過激な思想」とみなされていたものが、現在の日本では当たり前のものになった。むしろ保守的な思想とみなされている。つまり、その当時の革新官僚の考えが、いまの日本の標準になっているのだ。それゆえに、「戦時体制はいまだに終わっていない」と言わざるをえないのである。

岸と小林の対立は、近衛内閣が策定しようとしていた「経済新体制確立要綱」の草案中のつぎの文章をめぐるものであった（小林英夫『「日本株式会社」を創った男』による）。

一、商法を改正し企業に於ける資本所有と経営機能とを分離し企業経営の公共性を確立し経営担当者に公的性格を賦与すること

二、配当を統制し以て経営者をして企業の経営に於いて資本に拘束せらるることなく生産の確

保増強及び拡大再生産に対する国家的責任に任じその創意と能力とを発揮せしむること。

ここには、革新官僚の基本思想である「資本と経営の分離」がはっきりと現れている。企業は利益を追求する存在であってはならず、「公共的な目的に奉仕しなければならない」というのである。

しかし、1940年の日本では、これは、あまりに過激な「アカ」の思想とみなされた。したがって、財界は強く反対した。そして、その反対ゆえに、この文章は最終案からは消えた。

当時の財界は、つぎのように考えていたのである。配当が統制されれば、資本家の存在基盤が失われる。私企業が「公共性」などという曖昧なものを目的としなければならないのなら、国家によるいかなる干渉や統制も可能になってしまう。これは、自由主義経済の基本原理を否定するものだ。

資本の拘束からの逃走

ところが、42年に制定された旧日銀法では、本章の*1*で述べたように、「国家目的ノ達成」という言葉が登場する。太平洋戦争への突入を背景として、日本国内の世論と空気が大きく変わったことが分かる。

このとき正当性を賦与された「革新思想」が、いまにいたるまで、日本を支配している。それは、つぎのように考えても、納得できるだろう。「経済新体制確立要綱」草案のやや古めかしい文章を現代風に直し、「国家的責任」とあるところを、いまはやりの「社会的責任」に置き換えてみよう。そうすれば、いまの日本で堂々と通用するだろう。

これに対して、財界は反対しないだろう。いや、反対どころではない。もろ手を挙げて歓迎するだろう。

日本経団連は、三角合併に対して強い反対を表明した。その理由としては、「安全保障上の考慮」などが挙げられたのだが、要するに「外資に支配されたくない」ということだ。外資だけではない。国内資本であっても、身内以外のものに買収されることは排除したい。そして、日本企業は、敵対的な買収に備え、必死に防御策を固めつつある。

しかし、株式会社制度は、株式の売買が自由に行なわれることを前提にしたものだ。それによって、業績のふるわない企業の株価が下落し、経営に影響が及ぶことが期待されているのである。このような資本主義の根本原理を「財界総本山」が否定し、「資本の論理にまかせてはならない」と主張しているのは、きわめて奇妙である。しかし、これは、戦後の日本では、当然のことなのだ。なぜなら、本章の***1***で述べたように、日本経団連の前身は、戦時体制の中で作られた統制会の上部機構だからである。

いまの日本の経営者にすれば、「資本に拘束せらるることなく」という文章は、涙がでるほど有難いものだろう。「企業が公共目的に奉仕する」というのも、(本心からそう考えているかどうかは別として) 日本の財界人が好む表現だ。1940年頃までの日本の経営者が現在の経団連を見れば、「アカの巣窟」と糾弾するに違いない。

日本の経営者が株主をいかに軽視しているかは、株主をステイクホルダー (利害関係者) と呼ぶことによく現れている。株主は本来、会社の所有者であるから、「関係者」などであるはずはない。日本でこの表現に違和感がもたれないのは、株主は資金の提供者としてしか捉えられておらず、経営に口を出すことなど慎んでほしいと考えられているからである。

技術が経済制度を決める

「日本人は農耕民族だから競争を好まない」とか、「日本企業の原型はイエ制度」などという議論がある。しかし、私は、こうした議論には加担したくない。戦時経済体制（すなわち、現在の日本の経済体制）が日本の長い歴史と連続的につながっているという考えは、事実に反する。

そのなによりの証拠が、戦前の日本経済が、戦時体制とはきわめて異質のものであったことだ。本節の冒頭で述べたように、日本にも「欧米流の資本主義」があったのだ。だから、いまの体制が日本に固有のものという考えは、間違いである。

「戦時経済体制の必然性」に関して私が重視したいのは、むしろ、技術との関連である。戦時体制が確立されたときの日本では、大量生産の製造業がようやく確立されつつあった。このような経済活動で重要なのは、創意ではなく、規律である。全員が共通目的の達成を目指して同じことをやるのが望ましい。

そのためには、金融も間接金融のほうがよい。これに軍事国家の要請が重なって出来上がったのが、「戦時経済体制」である。

この体制は、１９４０年頃の世界では、決して特異なものではなかった。むしろ、全世界がその方向に動いていたのである。近衛内閣の経済新体制は、ソ連やドイツに学んだものだ。

仮に第2次世界大戦がなかったとしても、組織の大規模化による官僚化は進展していただろう。「資本と経営の分離」も、日本の革新官僚の発明ではなく、当時の世界的な傾向だった。経営学者のバーリーとミーンズが「所有（資本）と経営の分離」を指摘したのは、1932年のことである（もっとも、それは「企業活動が大規模化すれば、所有と経営の分離は不可避の傾向」ということだ。革新官僚の主張のように、それが望ましいから、配当の制限などで人為的に促進しようとするものではない）。

第2次大戦後の世界でも、1970年代までは、基本的に同じ技術の時代が続き、したがって産業構造も同じものだった。そのような環境の中で、戦後も戦時経済体制を維持し続けた日本が良好な経済パフォーマンスを実現できたのは、当然のことである。鉄鋼や自動車は、こうした世界における中心的な産業である。

5 日本はどこに向かうのか

中央集権型経済システムが優位性を持った時代

「技術が経済制度を決める」という観点からすると、1990年代以降の世界で生じた技術の大変化は、決定的な重要性を持つと考えざるをえない。とくに重要なのは、情報処理と通信の技術が、集中型から分散型に移行したことだ。コンピュータで言えばメインフレーム（大型汎用計算機）からPC（パソコン）への移行であり、通信で言えば電話や専用回線からインターネットへの移行だ。これは、一般に「IT革命」と呼ばれる。この変化は、経済構造の根幹に本質的な影響を与えた。

情報処理システムが集中型だった時代には、経済システムでも中央集権型が有利だった。ソ連式計画・指令経済が50年代、60年代を通じて優れたパフォーマンスを示したのは、偶然ではない。宇宙開発のように国家総力の傾注が要求される分野では、集権型経済の強さがいかんなく発揮された。

日本の戦時経済体制も、中央集権的な色彩が強いので、古いタイプの情報システムに適合していた。アメリカにおいてさえ、70年代までは、組織の巨大化・集権化が進展し、政治面では連邦政府の比重が増大したのである。

この時代の中心産業は、製造業、なかんずく、鉄鋼業のような重厚長大型装置産業と、自動車のような大量生産の組立て産業であった。これは、産業革命によって始まった経済活動（機械を用いる製造業）が行き着いた究極点である。

IT革命が分権システムの優位性を高めた

90年代以降の情報技術の変化は、このパラダイムを根本から変革しようとしている。これは、産業革命以来の大変化なのである。

分散型情報システムが進歩すると、分権型経済システムの優位性が高まる。したがって、計画経済に対して市場経済の有利性が増し、大組織に対して小組織の優位性が高まる。

経済活動の内容でも、産業革命型のモノ作りでなく、金融業や情報処理産業の重要性が増す（この場合の金融業務の中心は、これまでの日本の金融機関が行なってきたような定型的業務ではなく、投資銀行的なものである）。

こうした経済活動においては、ルーチンワークを効率的にこなすことではなく、独創性が求められる。したがって、集団主義でなく個性が重要になる。政治的にも、地方分権が望まれる。

全体主義的・集権的政治システムは、新しい技術環境下では、効率が下がるだけでなく、生き延びることすらできない。冷戦時代に西ベルリンから東ベルリンに入る検問所で最も厳重に検査されたのは、西側の印刷物の持ち込みであった。バスの車内だけでなく、車体の下まで検査した。ところが、ファックスが使えるようになると、電話回線を通じて文書を送ることが可能になった。そこで、ソ連ではファックスの使用は禁止された。こうまでしなければ維持できない政治体制が、PCとインターネットの時代に生き延びられるはずはない。社会主義国家の崩壊は、情報技術の転換とほぼ同時期に起こっているのだが、これは偶然ではなく、必然だった。

日本の戦時経済体制も、分散型情報システムの下では、優位性を失う。90年代以降の日本経済の不調は、バブル崩壊の後遺症というよりは、新しい経済環境への不適合から生じたものである。

アメリカの社会経済構造はもともと分権的な性格が強かったので、新しい技術体系に容易に適合することができた。その具体的な形が、90年代にシリコンバレーで起こったＩＴ革命だ(1)。

それは、シリコンバレーを変えただけでなく、アメリカ経済の全体を変えた。さらには、アイルランドをはじめとするヨーロッパ諸国やインドなどを変えた。つまり、21世紀の世界経済を変えたのである。(2)

技術と制度・思想の相克

新しい技術体系が、なぜ日本で広がらないのだろう。それには、二つの原因がある。

その第1は、言葉の壁である。新しい通信手段が世界をカバーしても、英語ができなければそのネットワークには入れない。製造業の製品を輸出するのに言葉は無関係だが、企業のコールセンターをインドに移せるのは、英語国だけである。日本は、新しい技術体系においては、決定的なハンディキャップを負っていることになる。

第2の原因は、日本の経済構造と人々の基本的な考え方にある。これらが新しい技術レジームには不適合なのである。

例えば、「グーグルの急成長は検索サービスによるものだから、国家プロジェクトで日本独自の検索技術を開発しよう」という考えが日本で提唱されている。あるいは、イギリスが金融業によって発展したのを見て、「東京を国際的な金融センターに育成しよう」とする意見もある。

しかし、「国が主導して新しい時代を切り開く」という発想自体が、新しい時代にそぐわないのだ。グーグルは、スタンフォード大学の大学院生が趣味で行なっていたことである。イギリスの金融業の発展は、規制緩和によってもたらされた。右のような提案をする人は、60年代型国家プロジェクトの考えを、いまだ引きずっているのである（ちなみに、分権的社会においては、宇宙開発のような大規模プロジェクトに資源を集中するのは困難だ。宇宙開発がいまにいたるまで停滞しているのは、当然である）。

新しい産業を育成しようというので、金融機関や地方自治体がベンチャーキャピタルを作ったのも、滑稽としかいいようがない。そもそも「ベンチャー企業を育成する」という発想自体が、矛盾だ（ベンチャーとは、個人や小組織の創意による、チャンスとリスクへの挑戦だからである）。

日本では、ＩＴも新しい金融業も、バブルにしかならなかった。ライブドアと村上ファンドがその具体例だ。新興市場の惨憺たる有様は、日本にはまともなベンチャー企業がほとんどないことを示している。

かくして、日本においては、技術と制度・思想が深刻な対立を起こしている。新しい技術の基本的な性格が変わることはないから、制度と思想がどこかで変わるしかない。

そのきっかけは、何だろう。数年前、日本経済が不況にあえいでいたとき、現在のシステムを何とか変えねばならないという意識が一般化した。伝統的大企業から有能な人材が脱出して新しい事業を模索し始めた。しかし、ここ数年、世界的な資源・資材価格の高騰を背景として、重厚長大産業が息を吹き返してしまった。メガバンクも、いまや学生の就職ランキングの最上位に復活している。すべては、20年前に逆戻りしてしまったように見える。そして、この状態は、当面変わりそうもない。

もっとも、あきらめるにはまだ早いかもしれない。日本の産業革命はイギリスより100年以上遅れたが、追いついた。新しい情報技術がアメリカで誕生したのは1990年代のことだから、それほど昔のことではない。日本が遅れたのは事実だが、これからキャッチアップするのは不可能ではあるまい。

しかし、その過程において、古い制度や思想との摩擦は、さらに大きくなるだろう。われわれは、長い混迷の時代を覚悟しなければなるまい。

(1) これについては、新潮社刊『ゴールドラッシュの「超」ビジネスモデル』で詳しく書いた。
(2) 野口悠紀雄、『資本開国論』、ダイヤモンド社、2007年。

付録1　戦時経済体制（1940年体制）とは何か

日本の戦後経済は、戦時中に作られた経済体制の上に築かれた。これが、本書を貫く基本的な認識である。この経済体制は、1940年頃に確立されたものなので、「1940年体制」と呼ぶこともできる。

ただし、本書は戦後の経済史を時代順に追っているので、この体制自体についてはまとまった形で記述していない。それらは、本書の各所に分散して記述されている。以下で、1940年体制を構成する要素と、それらが記述されている箇所を示す。

なお、1940年体制に関しては、野口悠紀雄『1940年体制』、東洋経済新報社、1995年（新版、2002年）も参照されたい。

1．財政金融制度

（1）間接金融方式

戦前の日本の産業資金供給は資本市場を通じる直接金融方式を中心とするものであったが、戦時経済の要請によって、銀行を経由する間接金融方式への移行がはかられた（第1章の***4***）。

（2）金融統制

戦時金融体制の総仕上げとして1942年に作られた統制色の強い旧日本銀行法は、1998

年まで日本の基本的な経済法の一つであった（第1章の***4***、第9章の***1***）。

戦時中に立法された「臨時資金調整法」や「資本逃避防止法」（を引き継いで作られた「外国為替及び外国貿易管理法」）を用いて、戦後の金融統制がなされた（第2章の***2***）。

（3）直接税中心の税体系

1940年度税制改正において給与所得に対する源泉徴収などが整備され、現在まで続く直接税中心の税体系が確立された（第2章の***1***）。

（4）公的年金制度

39年の船員保険と42年の労働者年金保険制度によって、民間企業の従業員に対する公的年金制度が始まった。労働者年金は、44年に厚生年金保険となった（第4章の***4***）。

2．日本型企業

（1）資本と経営の分離

革新官僚が推し進めた「資本と経営の分離」が、間接金融方式とあいまって、戦後日本企業の基本となった（第2章の***5***、第9章の***1***、***4***）。

（2）企業と経済団体

戦時中に成長した企業（電力、製鉄、自動車、電機）が戦後日本経済の中核になった（第3章の***1***、第9章の***1***）。統制会の上部機構が経団連になった（第9章の***4***）。

（3）労働組合

戦時中に形成された「産業報国会」が戦後の企業別労働組合の母体となった（第3章の*2*、第5章の*2*）。

3．土地制度

（1）農村の土地制度

戦時中に導入された食糧管理制度が戦後の農地改革を可能とした（第1章の*3*、第4章の*1*、第6章の*6*）。

（2）都市の土地制度

戦時中に強化された借地借家法が戦後の都市における土地制度の基本となった（第1章の*3*）。

付録2　戦後経済史年表（1999年まで）

1945年8月15日	終戦
8月30日	マッカーサー連合軍最高司令官が厚木に到着
11～12月	GHQが財閥解体、農地改革などを指令。東京裁判開始
1946年1月	GHQが軍国主義者の公職追放を指令
2月	第1次農地改革を実施
12月	傾斜生産方式を決定
1947年4月	独占禁止法を制定
5月	日本国憲法施行。片山内閣（社会党連立政権）成立
12月	内務省解体。民法改正。過度経済力集中排除法公布
1948年1月	帝銀事件
3月	経団連初代会長に石川一郎が就任
6月	昭電疑獄事件
8月	大韓民国建国。初代大統領に李承晩就任
9月	朝鮮民主主義人民共和国成立。首相は金日成
12月	東京裁判死刑囚7名の絞首刑執行
1949年3月	ドッジ・ライン
4月	1ドル＝360円の公定レート決定

9月	シャウプ税制第1次勧告
10月	中華人民共和国成立
1950年6月	朝鮮戦争始まる
8月	警察予備隊が発足
1951年4月	国鉄桜木町電車火災事故
9月	サンフランシスコで対日平和条約と日米安保条約調印
1952年2月	英国でエリザベス2世即位
4月	対日平和条約発効、占領終了
1953年3月	スターリン死去（スターリン暴落）
7月	朝鮮戦争休戦
1954年5月	ディエンビエンフー陥落（フランス軍の敗退）
1955年11月	保守合同で自民党結成。55年体制
1955～57年	神武景気
	テレビ・電気洗濯機・電気冷蔵庫の三種の神器
1956年7月	経済白書が「もはや戦後ではない」
12月	国連加盟
1957年10月	スプートニク1号打ち上げ
1957～58年	なべ底不況
1958年2～10月	中華人民共和国の大躍進運動開始・人民公社設立
11月	東京～大阪間で国鉄初の電車特急「こだま」が運転開始

	12月	東京タワー竣工
1958~61年		岩戸景気
1959年	8月	日産自動車がダットサン・ブルーバードを発売
1960年	6月	日米安保条約改定反対のデモ隊が国会突入
	7月	池田勇人内閣成立。「国民所得倍増計画」
1961年	1月	ケネディ米大統領就任
	4月	ガガーリンが宇宙へ
	8月	ベルリンに壁
1962年	10月	キューバ・ミサイル危機
1963年	6月	黒部川第4発電所が完成
	7月	名神高速道路の栗東~尼崎が開通（日本最初の高速道路）
	11月	ケネディ大統領が暗殺される
1964年	4月	IMF8条国へ。OECDに加盟
	8月	トンキン湾事件（アメリカがベトナム戦争に突入）
	10月	東海道新幹線開通。東京オリンピック
1965年	2月	アメリカ軍による北爆開始
	4月	初の国産旅客機YS-11が就航
	5月	山一證券に日銀特別融資
	7月	名神高速道路が全線開通
	11月	戦後初の赤字国債発行を決定

1965~70年	いざなぎ景気
1966年3月	日本の総人口1億人突破
10月	トヨタ自動車がカローラを発表
1967年7月	欧州共同体（EC）が発足
1968年4月	霞が関ビルが完成。東名高速道路の東京~厚木などが開通
5月	フランスで5月革命
10月	国際反戦デーで学生が新宿駅を占拠
12月	府中市で3億円強奪事件
1969年7月	アポロ11号が月に着陸
1970年3月	大阪・日本万国博覧会。富士・八幡製鐵合併（新日本製鐵）。赤軍派よど号乗っ取り事件
11月	三島由紀夫割腹自殺
1971年8~12月	ニクソン米大統領によるドル・ショック（金ドル交換停止）、スミソニアン協定（1ドル＝308円）
1972年2月	浅間山荘人質事件
1973年10月	第1次石油ショック
1974年8月	ウォーターゲート事件でニクソン米大統領辞任
1975年4月	サイゴン陥落。ベトナム戦争終わる
1976年2月	ロッキード事件
7月	田中前首相逮捕

9月	毛沢東死去
1977年12月	アップルコンピュータからApple II発売
1978年3月	サンシャイン60完成
5月	新東京国際空港（現成田国際空港）開港
1979年	第2次石油ショック
5月	英国でサッチャー政権発足
1980年9月	イラン・イラク戦争勃発
12月	日本の自動車生産台数が世界第1位に
1981年1月	米国でレーガン政権発足
1982年4月	フォークランド紛争勃発
6月	東北新幹線大宮〜盛岡開業
10月	NECがPC-9801を発売
11月	ブレジネフ書記長死去
12月	日本電信電話公社がテレホンカード発売
1983年9月	大韓航空機撃墜事件
1984年1月	日経ダウ平均株価が1万円の大台を突破
1985年8月	日航ジャンボ機御巣鷹山墜落事故
9月	プラザ合意
1986年4月	ソ連でチェルノブイリ原発事故。前川リポート
9月	民営化NTT、JT発足

1987年4月	国鉄民営化、JR発足
1988年12月	消費税法案強行採決
1989年4月	消費税実施（税率3%）
6月	天安門事件
11月	ベルリンの壁崩壊。冷戦終結
1990年4月	大蔵省が不動産融資総量規制
8月	イラク、クウェートに侵攻
1991年1月	湾岸戦争
4月	東京都庁が新宿副都心に移転
5月	ジュリアナ東京オープン
6月	4大証券損失補塡発覚
12月	ソビエト連邦崩壊。ゴルバチョフ大統領辞任
1992年8月	東京証券取引所第1部の平均株価が15000円を割り込む
10月	有効求人倍率が1を下回り、2005年12月まで就職氷河期となる。大蔵省が都市銀行の不良債権総額は12・3兆円と発表
1993年7月	横浜ランドマークタワーが開業
11月	欧州連合（EU）が発足
1994年8月	首相官邸がウェブサイトを開設
9月	関西国際空港開港
1995年1月	阪神・淡路大震災

3月	オウム真理教の地下鉄サリン事件
12月	東京協和・安全信組事件
1996年5月	住専に6850億円の公的資金を投入
1997年4月	消費税を5%に引き上げ
11月	三洋証券が会社更生法適用を申請。北海道拓殖銀行が営業権を譲渡。山一證券が自主廃業
1998年4月	日本銀行法施行
10月	日本長期信用銀行を一時国有化
12月	日本債券信用銀行を一時国有化
1999年3月	日本銀行がゼロ金利政策を実施

付録3　戦後歴代総理大臣・大蔵(財務)大臣・日本銀行総裁一覧

西暦	1945	46	47	48	49	50	51	52	53	54	55	56	57
和号	昭和20	21	22	23	24	25	26	27	28	29	30	31	32

総理大臣

- 鈴木貫太郎
- 東久邇宮
- 幣原喜重郎
- 吉田茂(1)
- 片山哲
- 芦田均
- 吉田茂(2)
- 吉田茂(3)
- 吉田茂(4)
- 吉田茂(5)
- 鳩山一郎(1)
- 鳩山一郎(2)
- 鳩山一郎(3)
- 石橋湛山
- 岸信介(1)

大蔵(財務)大臣

- 広瀬豊作
- 津島寿一
- 渋沢敬三
- 石橋湛山
- 矢野庄太郎
- 片山哲(臨時)
- 栗栖赳夫
- 北村徳太郎
- (吉田茂(事務取扱)
- 泉山三六
- 大屋晋三(臨時))
- 池田勇人
- 向井忠晴
- 小笠原三九郎
- 一萬田尚登
- 池田勇人
- 一萬田尚登

日本銀行総裁

- 渋沢敬三
- 新木栄吉
- 一萬田尚登
- 新木栄吉
- 山際正道

58 33	59 34	60 35	61 36	62 37	63 38	64 39	65 40	66 41	67 42	68 43	69 44	70 45	71 46	72 47	73 48	74 49

岸信介(1)｜岸信介(2)｜池田勇人(1)｜池田勇人(2)｜池田勇人(3)｜佐藤栄作(1)｜佐藤栄作(2)｜佐藤栄作(3)｜田中角栄(1)｜田中角栄(2)

一萬田尚登｜佐藤栄作｜水田三喜男｜田中角栄｜福田赳夫｜水田三喜男｜福田赳夫｜水田三喜男｜植木庚子郎｜愛知揆一｜福田赳夫｜大平正芳

←田中角栄(臨時)

山際正道｜宇佐美洵｜佐々木直

75	50	三木武夫	大平正芳	森永貞一郎
76	51			
77	52	福田赳夫	坊秀男	
78	53		村山達雄	
79	54	大平正芳(1)	金子一平	前川春雄
80	55	大平正芳(2) 伊東正義(臨時)	竹下登	
81	56	鈴木善幸	渡辺美智雄	
82	57			
83	58	中曽根康弘(1)	竹下登	
84	59	中曽根康弘(2)		澄田智
85	60			
86	61			
87	62	中曽根康弘(3)	宮澤喜一	
88	63	竹下登	竹下登(兼)	
89	平成元 64	宇野宗佑 海部俊樹(1)	村山達雄	三重野康
90	2	海部俊樹(2)	橋本龍太郎	
91	3		海部俊樹(兼)	

92	93	94	95	96	97	98	99	2000	01	02	03	04	05	06	07	08
4	5	6	7	8	9	10	11	12	13	14	15	16	17	18	19	20
宮澤喜一	細川護熙	羽田孜	村山富市	橋本龍太郎(1)	橋本龍太郎(2)		小渕恵三	森喜朗(1)	森喜朗(2)	小泉純一郎(1)		小泉純一郎(2)		小泉純一郎(3)	安倍晋三	福田康夫
羽田孜	林義郎	藤井裕久	武村正義	久保亘	三塚博	橋本龍太郎(兼)、松永光		宮澤喜一		塩川正十郎			谷垣禎一		尾身幸次	額賀福志郎
	三重野康			松下康雄				速水優						福井俊彦		

参考文献

朝日新聞経済部編、『金融動乱』、朝日新聞社、1999年。

アレツハウザー、アル（佐高信監訳）、『ザ・ハウス・オブ・ノムラ』、新潮社、1991年。

アレン、フレデリック（藤久ミネ訳）、『オンリー・イエスタデイ――1920年代・アメリカ』、筑摩書房、1990年。

安藤博、『日本経済　成長の軌跡』、東洋経済新報社、1994年。

五百旗頭真、『日米戦争と戦後日本』、講談社学術文庫、2005年。

五百旗頭真、伊藤元重、薬師寺克行編、『宮澤喜一』、朝日新聞社、2006年。

猪木武徳、『経済成長の果実（日本の近代7）』、中央公論新社、2000年。

今西光男、『新聞　資本と経営の昭和史』、朝日新聞社、2007年。

ヴェルナー、リチャード（吉田利子訳）、『円の支配者』、草思社、2001年。

ウォルフレン、カレル・ヴァン（篠原勝訳）、『日本　権力構造の謎（上下）』、ハヤカワ文庫NF、1994年。

ウッド、クリストファー（植山周一郎訳）、『バブル・エコノミー』、共同通信社、1992年。

NHK企業社会プロジェクト、『追及　金融・証券スキャンダル』、日本放送出版協会、1991年。

江波戸哲夫、『会社葬送－山一證券　最後の株主総会』、角川文庫、2006年。

エモット、ビル（鈴木主税訳）、『日はまた沈む』、草思社、1990年。

大蔵省財政史室編、『昭和財政史　終戦から講和まで』、東洋経済新報社、1976年。

大蔵省財政史室編、『昭和財政史　昭和27～48年度』、東洋経済新報社、2000年。

岡崎哲二、奥野正寛編、『現代日本経済システムの源流』、日本経済新聞社、1993年。

奥島貞雄、『自民党幹事長室の30年』、中公文庫、2005年。

川崎泱、『ロシアのユーモア』、講談社選書メチエ、1999年。

河原久、『山一証券失敗の本質』、PHP研究所、2002年。

岸信介、矢次一夫、伊藤隆、『岸信介の回想』、文藝春秋、1981年。

北康利、『白洲次郎　占領を背負った男』、講談社、2005年。

北澤千秋、『誰が会社を潰したか』、日経BP社、1999年。

草野厚、『山一証券破綻と危機管理　1965年と1997年』、朝日新聞社、1998年。

楠田實、『楠田實日記』、中央公論社、2001年。

香西泰、『高度成長の時代』、日本評論社、1981年。

香西泰、白川方明、翁邦雄編、『バブルと金融政策』、日本経済新聞社、2001年。

小林英夫、『「日本株式会社」を創った男―宮崎正義の生涯』、小学館、1995年。

財政調査会編、『国の予算』、大蔵財務協会、各年度。

斎藤貴男、『源泉徴収と年末調整』、中公新書、1996年。

榊原英資、野口悠紀雄、「大蔵省・日銀王朝の分析―総力戦経済体制の終焉」、『中央公論』、1977年8月号。

佐藤章、『ドキュメント金融破綻』、岩波書店、1998年。

沢木耕太郎、『沢木耕太郎ノンフィクション1960』、文藝春秋、2004年。

ジョンソン、チャーマーズ（矢野俊比古監訳）、『通産省と日本の奇跡』、TBSブリタニカ、1982年。

城山三郎、『小説日本銀行』、新潮文庫、1977年。

城山三郎、『官僚たちの夏』、新潮文庫、1980年。

鈴木隆、『滅びの遺伝子　山一證券興亡百年史』、文藝春秋、2005年。

杉田望、『小説　巨大銀行システム崩壊』、毎日新聞社、2002年。

須田慎一郎、『長銀破綻』、講談社、1998年。

須田慎一郎、『二〇〇二年四月　銀行崩壊』、光文社、2001年。

須田慎一郎、『巨大銀行沈没』、新潮社、２００３年。

袖井林二郎、『マッカーサーの二千日』、中公文庫、１９７６年。

高杉良、『小説　日本興業銀行（全5巻）』、講談社文庫、１９９０年。

田原総一朗、『日本の戦後（上下）』、講談社、２００３、２００５年。

東京地裁における検察冒頭陳述（平成10年9月16日）。

西村吉正、『金融行政の敗因』、文春新書、１９９９年。

日経ビジネス編、『真説　バブル―宴はまだ、終わっていない』、日経ＢＰ社、２０００年。

日本経済新聞社編、『イトマン・住銀事件』、日本経済新聞社、１９９１年。

日本経済新聞社編、『銀行不倒神話の崩壊』、日本経済新聞社、１９９３年。

日本経済新聞社編、『検証バブル―犯意なき過ち』、日本経済新聞社、２０００年。

野口悠紀雄、「バブルで膨らんだ地価」『週刊東洋経済・近代経済学シリーズ』、１９８７年11月。

野口悠紀雄、『土地の経済学』、日本経済新聞社、１９８９年。

野口悠紀雄、『バブルの経済学』、日本経済新聞社、１９９２年。

野口悠紀雄　『１９４０年体制』、東洋経済新報社、１９９５年（新版、２００２年）。

野口悠紀雄、『「超」納税法』、新潮社、２００３年。

野口悠紀雄、『「超」リタイア術』、新潮社、２００４年。

野口悠紀雄、『ゴールドラッシュの「超」ビジネスモデル』、新潮社、２００５年。

橋本寿朗、『戦後の日本経済』、岩波新書、１９９５年。

ハドレー、エレノア／クワヤマ、パトリシア・ヘーガン（フェルドマン、ロバート・アラン監訳、田代やす子訳）、『財閥解体　ＧＨＱエコノミストの回想』、東洋経済新報社、２００４年。

林真理子、『アッコちゃんの時代』、新潮社、２００５年。

半藤一利、『昭和史（戦後篇）１９４５〜１９８９』、平凡社、２００６年。

福田赳夫、『回顧九十年』、岩波書店、１９９５年。

古川隆久、『皇紀・万博・オリンピック』、中公新書、１９９８年。

ベネディクト、ルース（長谷川松治訳）、『菊と刀』、講談社学術文庫、２００５年。

保阪正康、『昭和戦後史の死角』、朝日文庫、２００５年。

ポパー、カール（久野収、市井三郎訳）、『歴史主義の貧困―社会科学の方法と実践』、中央公論社、１９６１年。

松本清張、『日本の黒い霧（上下）』、文春文庫、２００４年。

マルキール、バートン（井出正介訳）、『ウォール街のランダム・ウォーカー』、日本経済新聞社、１９９９年。

水木楊、『田中角栄』、日本経済新聞社、１９９８年。

宮澤喜一、『戦後政治の証言』、読売新聞社、１９９１年。

宮澤喜一、「私の履歴書」、『日本経済新聞』連載、２００６年4月。

村松岐夫、奥野正寛編、『平成バブルの研究（上下）』、東洋経済新報社、２００２年。

村山治、『特捜検察vs.金融権力』、朝日新聞社、２００７年。

安場保吉、猪木武徳編、『高度成長（日本経済史8）』、岩波書店、１９８９年。

箭内昇、『メガバンクの誤算』、中公新書、２００２年。

柳沢伯夫、『赤字財政の10年と4人の総理たち』、日本生産性本部、１９８５年。

山一證券社内調査委員会、『社内調査報告書―いわゆる簿外債務を中心として―』、１９９８年。

山本峯章、『富士銀行の犯罪』、ぱる出版、１９９２年。

読売新聞社編、『20世紀にっぽん人の記憶』、読売新聞社、２０００年。

読売新聞社会部編、『会長はなぜ自殺したか―金融腐敗＝呪縛の検証』、新潮文庫、２０００年。

読売新聞社会部編、『会社がなぜ消滅したか』、新潮社、１９９９年。

ライシャワー、エドウィン（國弘正雄訳）、『ライシャワーの日本史』、講談社学術文庫、２００１年。

渡邉昭夫、『大国日本の揺らぎ（日本の近代8）』、中央公論新社、２０００年。
渡辺治編、『高度成長と企業社会（日本の時代史27）』、吉川弘文館、２００４年。
Dower, John W., *Japan in War and Peace: Selected Essays*, W. W. Norton, 1993.
Mackey, Charles, *Extraordinary Popular Delusions and the Madness of Crowds*, The Noonday Press, 1932.

写真提供

毎日新聞　p32,p49,p61,p69,p122
共同通信　p17,p82右,p143,p189
時事通信　p82左,p106
読売新聞　p203

索　　引

カ行

サ行

タ行

ナ行

ハ行

マ行

ヤ行

ラ行

ワ行

新潮選書

戦《せん》後《ご》日《に》本《ほん》経《けい》済《ざい》史《し》

著　者………………野《の》口《ぐち》悠《ゆ》紀《き》雄《お》

発　行………………2008年 1 月25日
11　刷………………2015年12月10日

発行者………………佐藤隆信
発行所………………株式会社新潮社
〒162-8711 東京都新宿区矢来町71
電話　編集部 03-3266-5411
　　　読者係 03-3266-5111
http://www.shinchosha.co.jp
印刷所………………大日本印刷株式会社
製本所………………株式会社大進堂

乱丁・落丁本は、ご面倒ですが小社読者係宛お送り下さい。送料小社負担にてお取替えいたします。
価格はカバーに表示してあります。

ISBN978-4-10-603596-8 C0333

数字は武器になる 数の「超」活用法　野口悠紀雄

数を制する者だけが未来を制す。データに潜むトリックの正体から会社の業績分析、日常で役立つスケールの捉え方まで。日本人の「数字力」を磨く最強バイブル誕生。

六十歳から家を建てる　天野彰

定年後、夫も妻もようやく自分らしい人生を生きられる。そのために「新しい家」が必要だ。豊富な実例と資金の工夫も満載。理想的な終の住処が、ここにある！　《新潮選書》

歴史を考えるヒント　網野善彦

「日本」という国名はいつ誰が決めたのか。その意味は？　関東、関西、手形、自然などの言葉を通して、「多様な日本社会」の歴史と文化を平明に語る。　《新潮選書》

分類という思想　池田清彦

分類するとはどういうことか、その根拠はいったい何なのか——豊富な事例にもとづいてこの素朴な疑問を解き明かす。生物学の気鋭がおくる分類学の冒険。　《新潮選書》

書に通ず　石川九楊

書とは何か。その美とは何なのか。その魅力はどこにあるのか。文字の起源から現代の前衛書までを、独自の視点から鋭く分析し、鮮やかに解き明かす。　《新潮選書》

五重塔はなぜ倒れないか　上田篤編

法隆寺から日光東照宮まで、五重塔は古代いらい日本の匠たちが培った智恵の宝庫であった。中国・韓国に木塔のルーツを探索し、その不倒神話を解説する。　《新潮選書》

現代史の中で考える

高坂正堯

天安門事件、ソ連の崩壊と続いた20世紀末の激動に際し、日本のとるべき道を同時進行形で指し示した貴重な記録。「高坂節」に乗せて語る知的興奮の書。《新潮選書》

カラスの早起き、スズメの寝坊

文化鳥類学のおもしろさ

柴田敏隆

鳥の世界は、愛すべき個性派ぞろい！ まるで人間社会のような鳥たちの日常生活を、「文化鳥類学」の視点から、いきいきと描くネイチャー・エッセイ。《新潮選書》

昭和天皇「よもの海」の謎

平山周吉

昭和十六年九月、御前会議上で昭和天皇は明治天皇の和歌を読みあげ、開戦を避けよと意思表明した。それなのに、なぜ戦争に？――知られざる昭和史秘話。《新潮選書》

科学嫌いが日本を滅ぼす

「ネイチャー」「サイエンス」に何を学ぶか

竹内薫

世界に君臨する二大科学誌を舞台に、国家の興亡を賭けて熾烈な競争を繰り広げる科学者たち。「科学戦争」の歴史から、科学立国ニッポンの未来を読む。《新潮選書》

零式《れいしき》艦上戦闘機

清水政彦

20㎜機銃の弾道は曲がっていたか？ 防御軽視だったか？ 撃墜王の腕前は確かか？ 最期は特攻機用か？ 通説・俗説をすべて覆す、斬新な「零《ゼロ》戦論」。《新潮選書》

ワイン上手

深く味わう人へのアドヴァイス

田崎真也

木樽と味の関係は？ 白は赤より長持ちする！ グラスで味はどう変わる――自然環境・栽培・醸造から飲み方の基本まで、深く味わうための画期的な一冊！《新潮選書》